지구본을 굴리다

현대수필가100인선II · 74

지구본을 굴리다

김새록 수필선

수필과비평사 · 좋은수필사

■책머리에

수필은 누구나 부담 없이 읽고, 마음만 먹으면 직접 쓸 수도 있는 가장 친근한 문학이다. 다른 영역의 문학이 영상매체에 밀려 신음하고 있는 중에도 수필 인구만은 날로 증가하여 바야흐로 수필 전성시대를 구가하고 있는 이유도 거기에 있을 것이다.

시대적 추세에 힘입어 수많은 수필전문지, 수필동인지가 창간되고, 이에 비례하여 신진 수필가도 날로 늘어나다 보니 이제는 그 많은 작가, 그 많은 작품 중에서 문학성 높은 작품을 가려 읽는 일이 쉽지 않게 되었다. 이런 현상은 작가에게나 독자에게나 결코 바람직한 일이 아니다. 더 나아가서는 수필을 연구하는 후세들에게도 큰 부담이 될 것이다.

이런 문제를 해결하는 데는 출판인도 마땅히 한몫을 감당해야 한다는 평소의 소신에 따라, 본사가 기꺼이 그 역할을 맡기로 했다. 그 첫 번째 사업으로 시대를 대표할 만한 수필가 100인을 선정하고, 작가가 자선한 40편 내외의 작품을 수록한 문고본을 발간하여 이를 널리 보급함으로써 그 소임을 다하고자 한다.

본사는 사명감을 가지고 이 사업을 추진해 나가기로 했다. 작가 선정을 전담할 편집위원회를 구성하고 전권을 위임하여 일체의 사적인 정실이나 청탁을 배제함으로써 전문성과 공정성을 확보해 나갈 것이다.

따라서 이 기획물 속에는 작가의 문학정신뿐만 아니라, 본사의 문학사적 기여 의지와 편집위원 제위의 수필문학에 대한 애정과 문인으로서의 양심이 함께 담겨 있음을 자부한다. 다만, 작가를 선정하는 기준에는 많은 견해의 차이가 있을 수 있고, 선정 과정에서도 미처 챙기지 못한 부분이 있을 것이라는 사실만은 인정하지 않을 수 없다. 이 점에 대해서는 관계자 여러분의 양해 있으시기 바란다.

이 시리즈의 발간 순서는 작가, 또는 본사의 사정에 의한 것일 뿐 그 밖의 어떤 기준도 적용하지 않았음을 밝힌다.

본 기획물이 시대를 초월한 많은 수필 애호가들의 관심과 애정 속에 우리나라 수필문학 발전에 한 이정표가 되기를 바랄 뿐이다.

본사에서는 이상과 같은 취지로 ≪현대수필가 100인선≫ 전 100권을 완간하여 큰 반향을 불러일으킨 바 있다.

그러나 우리 수필문단의 규모나 수필문학의 수준에 비추어 선정 작가를 100인으로 한정하는 것은 형평성이나 효율성 면에서 크게 부족하다는 의견이 많았고, 본사 또한 이를 통감하던 터라 기꺼이 ≪현대수필가 100인선Ⅱ≫를 발간하기로 했다.

본사의 충정에 찬동하여 출판에 응해주신 저자 여러분에게 진심으로 감사한다.

2014년 9월 일

수필과비평사 · 좋은수필사 발행인 서 정 환

현대수필가 100인선 간행 편집위원 박 재 식 최 병 호

정 진 권 강 호 형

오 세 윤

1_부　나무를 기억하다

2_부 지구본을 굴리다

3_부 이기대에서 듣는 피리소리

4_부 방울소리가 들린다

녹색 삶의 아리라
소리 없는 언어
얼굴에 새긴 발자국
나무를 기억하다
찢어진 청바지
자랑질
면앙정가를 읊으며
귀는 천사다
봄이 다 이울기 전에
시클라멘 안녕

녹색 삶의 아리라

길은 언제나 환하다. 오늘도 꽃등을 켜놓은 것 같은 텃밭 사이 좁은 길로 산책하러 나섰다. 바람도 꽃길에서는 꽃이 되나 보다. 바람이 시원하게 불고 나를 따라오는 우리 집 강아지 '해피' 꼬리도 꽃처럼 펴진다. 이기대로 가는 길, 주변에 늘어선 아파트를 벗어나는 모퉁이에 텃밭이 모여 있다. 밭마다 주인이 다르고 밭마다 자라는 것이 다르다. 어떤 밭엔 풀만 가득하고 어떤 밭엔 푸성귀가 띄엄띄엄 심겨 있지만 누런 떡잎으로 아무렇게나 내버려져 있다. 어떤 밭은 아름다운 꽃밭이다. 게으름과 부지런함이 한눈에 보인다. 꽃밭은 발걸음을 멈추고 생각을 하게 만든다.

길가 텃밭은 살아있는 예술 무대다. 풀 한 포기 없이 깔끔하게 가꾸어 놓은 밭은, 길가는 사람의 발걸음을 붙잡기에 충분하다. 나뿐만 아니라 사람들이 그곳으로 지나가면서 한마디씩 감탄을 펴내고 간다. 예술 무대 같은 밭은 가장자리를 따라 꽃 울타리를 치고 밭에도 꽃들이 군락을 지어 심겨있다. 계절 따라 꽃은 각양각색 다르기 마련이고 지금은 늦은 봉숭아, 과꽃, 맨드라미, 도라지꽃, 채송화, 금잔화, 코스모스 등이 한창이다. 꽃들은 개개의 독창이기도 하고, 전체가 하나로 어우러진 합창이기도 하다. 음악으로서 가장 충실한 가창과 기술을 표현한다는 노래와 극이 어우러진 아리아의 무대와 흡사하다. 오페라 칸타타 오라토리오에서 길고 정교한 음악적 중심을 이루는 극의 내용과 유기적인 연관을 가지면서도 그 자체로도 독립된 곡 아리아 말이다.

소박한 꽃을 심어놓고 길가는 사람들을 즐겁게 하는 밭주인이 누구인지 궁금할 것도 없다. 밭주인이 노상 밭에서 살기 때문이다. 이 예술 무대 같은 텃밭을 발견한 건 줄잡아 한 팔 년 전쯤이다. 한겨울을 제외하고는 내가 산책하러 나가는 시간이면 언제나 노부부가 밭을 가꾸고 있었다. 그냥 보기에는 풀도 없고 가꿀 것이 없어 보인데 부부는 무언가를 열심히 하고 있다. 텃밭에는 식탁에 올릴 채소들이 아니라 꽃나무들 일색이다. 그것들을 자식 키우듯 한 것이다. 채소가 전혀 없는 것은 아닌데 밭 한 귀퉁이에 마늘이 심겨있는 것이 오히려 특이해 보인다.

누가 봐도 밭주인은 퇴직하고 소일거리로 텃밭을 가꾸고 있는 것이 확실하다. 밭주인은 야생화와 적어도 수십 년 전에 한국으로 들어와 한국의 꽃으로 정착한 꽃들을 심어 놓았다. 꽃과 어린아이가 좋아질 때는 늙어간다는 증거라는 말대로 노부부는 텃밭 채소 대신 꽃을 키우면서 추억을 현실로 옮기고 있는 듯하다.

가장자리에 빙 둘러 울타리 쳐놓듯이 심은 꽃은 지나가는 산책객을 위한 것인가 싶다. 누구나 걸음을 멈추고 잠시 꽃을 들여다볼 수 있고 향기를 더 가까이 즐길 수 있다. 더러는 무릎 아래로 꽃들이 와 친근하게 부딪치며 말을 걸기도 한다. 우리 집 귀염둥이 해피도 꽃을 즐기기는 마찬가지다. 그런데 갑자기 해피가 봉숭아꽃 곁으로 가서 킁킁거리며 냄새를 맡더니 꽃잎을 자근자근 물어뜯기 시작한다. '저놈 봐라' 주의를 시켰는데 해피는 본체만체 이다. 개는 주인을 닮는다고 한다. 나는 그다지 심술이 없는 줄로만 알고 있었는데 심술궂은 마음을 버려야 한다며 해피는 봉숭아꽃으로 가서 무슨 하소연 같은 것을 퍼붓고 있는 것 같았다. 해피주둥이에 봉숭아꽃이 빨갛게 피겠다. 내가 손톱에 봉숭아 물 들이는 것을 저놈이 눈여겨보고 내 흉내를 내는 것은 아닐까. 무슨 심술이라도 났을까. 밭주인에게 미안하여 몸 둘 바를 모르겠다. 이런 속마음을 알았는지 밭주인은 "어차피 모두 즐기자고 심어 가꾼 것이니 해피 나무라지 마세요."하면서 활짝 웃는다. 한층 빛나 보이는 노년의 여유가 멋지다.

햇살을 받은 부부의 얼굴이 아이처럼 순하고 아름답다. 부부는 마치 성자처럼 보인다. 밀레의 작품 〈저녁 종〉을 연상케 하는 부부와 일몰이 오버랩 된다. 잘 가꿔진 텃밭에선 주인도 또한 꽃이 된다. 오가는 사람들을 즐겁게 해주는 텃밭주인의 모습에서 또 다른 배려와 사랑을 떠올린다. 나무에서 까치가 꽁지를 까닥거리며 반가운 소리로 인사를 건넨다. 나도 까치처럼 엉덩이를 실룩거리며 무슨 노래라도 부르고 싶어지는데 해피가 빨갛게 물든 입을 벌리며 짖어댄다.

경쟁 속에 긴장과 스트레스가 동반한 도시인의 삶이 아닌 정신이 풍요로운 녹색 삶의 아리아다.

소리 없는 언어

슬픔이 잠긴 송아지의 큰 눈에서 눈물이 주르륵 흐른다. 비록 말 못하는 짐승의 눈물이지만 티브이에서 이 장면을 보는 순간 내 눈시울이 뜨거워진다. 눈물은 어떤 꾸밈이나 가식이 아닌 순수해질 때, 단단히 맺혔던 마음이 녹아내릴 때 저절로 흐르는 게 눈물이다. 그 속에는 겸손한 마음, 부드러운 마음, 진실한 마음이 녹아있다. 물론 눈물의 양과 질도 다양할 것이다. 그리움도 보고픔도 미련도 아닌 세상만을 탓할 수 없어 남몰래 숨어 우는 가장家長의 눈물도 있을 것이고, 자식을 위해 헌신하는 부모의 눈물도 있을 것이며, 그리움에 사무쳐 가슴속으로 흐르는 눈물도 있을 것이다.

눈물은 잠시나마 마음을 가라앉히는 단비이기도 하다. 영혼을 맑게 하는 청심제 역할을 하는 눈물은 눈에서 나오는 것만이 아닌 마음속 깊은 바닥에서 용암처럼 치솟는 마그마다.

텔레비전 프로에서 보았던 눈물 흘린 송아지는, 항문이 없고 꼬리가 없는 선천성 기형으로 태어났다. 몸이 기형임에도 불구하고 갓 태어난 송아지는 삶의 애착을 보인다. 살겠다고 어미소의 젖을 놓칠세라 집착을 보이며 배를 채운다. 어미소는 기형으로 태어난 새끼를 혀로 핥아주면서 새끼 옆을 떠나지 않는다. 모성본능이 사람과 다를 바 없다.

먹으면 배설을 해야 하는데 항문이 없는 송아지는 배설을 못하니 몸속에 쌓여만 간다. 그 노폐물은 혹주머니 처럼 불룩하게 튀어나와 엉덩이 아래 뎅그렇게 달려있다. 소통과 순환이 막혀 있는 시한폭탄을 달고 있는 것처럼 언제 터질지 모를 상태로 그저 안타깝다.

집에서 기른 동물도 정성들이어 키우다보면 자식처럼 정이 들건만 고통스런 모습을 매일 지켜보는 송아지 주인의 마음은 오죽할까! 오뉴월 장작불에 타들어가듯이 후드득후드득 타들어간 것은 아닌지 헤아려진다. 아니나 다를까 주인장은 보다 못해 태어난 지 삼일 째 되던 날, 여기저기 신뢰감이 가는 수의사를 찾아서 수술을 청했다. 수술을 하기 위해 송아지를 어미소 곁에서 데리고 나오니 어미소는 정신 나간 것처럼 좌불안석이다. 안절부절 불안감을 보이며 한없이 울어댄다. 말 못하는 짐승이라고 함부로 대하지 말라는 통한에 찬 울부짖음이다. 새끼를 빼앗긴 분노와 잃어 버릴지 모른다는 두려움의 절정에 쌓인 절규이다. 애착 집착 두려움 불신 등이 배어있다.

송아지와 어미소의 눈물이 가교 역할을 했는지 수술은 성공리에 끝났다. 인공항문을 만들어서 수술을 마친 송아지는 그 동안 쌓여있던 노폐물을 소낙비 퍼붓듯이 배설한다. 생사의 고비를 넘기고 어미를 다시 만난 송아지는 어미젖을 입에 물고 눈물을 흘린다. 털이 촉촉하게 적신다. 아픔의 고통과 어미를 만난 기쁨이 승화된 눈물은 소리 없는 언어이다. 그 어떤 말의 위력보다 진한 감동을 지니었다.

환희와 고통과 승리와 패배의 정점에서 초연함과 카타르시스를 느끼며 다 비울 때, 텅 빈 투명한 영혼이 신체적 변화에 의해 자연스럽게 흘러내리는 것이 눈물이다. 높고 낮은, 깊고 얕은, 다양한 색깔의 희로애락이 녹아서 승화된 결정체이다. 순백의 눈물꽃이다. 류시화 시인도 '눈에 눈물이 없으면 그 영혼에는 무지개가 없다.'라고 표현하지 않았던가.

눈물 속에는 또 각기 다른 색깔이 있다. 얼마 전 그이의 뒷모습에서였다. 아버지 생신 차 친정에 간 고향의 가을하늘과 들녘은 오랫동안 잊어버렸던 나 자신과 과거의 시간을 되돌려준 계기가 되었다. 〈화려한 외출〉〈편지〉〈연인〉등 영화촬영지로 유명한 메타세쿼이아의 길은 서녘하늘빛에 물들어있었다. 긴 내 머리카락이 살랑대도록 불어대는 가을바람을 휘젓고 남편과 둘이서 2인용 자전거를 타고 양쪽으로 즐비하게 서 있는 메타세쿼이아 길과 관방제림의 길을 달렸다. 그이가 앞에서 핸들을 잡고 달리면 나는 뒷좌석에서 보조바퀴를 돌리는데 감정이 울컥 인다. 아직은 젊은 나이로 여기는 50대 중반. 퇴역을 하고 돌아오던 날, 그이의 표정에서는 침묵으로 깎은 온갖 파노라마를 읽을 수 있었다. 쓸쓸한 퇴역장교의 뒷모습이 해거름의 아린 햇살처럼 온 몸을 찡하게 만든다.

진해, 흑산도, 구룡포, 목포, 인천, 계룡대 부산 등 여러 지역을 이사 다니면서 낯선 문화를 익히며 살았던, 허술하고 오래된 관사생활이 석양처럼 설핏한 들판을 가로질러 간다. 찌릿한 액체가 소용돌이친다. 27년을 군인가족으로 살아온 내 마음도 이럴진대 33년의 군軍생활을 마감한 그이는 만감이 교차한 속울음을 삼켰을 것이다. 마지막 종착지 부산에서 인생 1막을 내리고 2막의 돛을 올렸다. 다행스럽게 전역과 동시에 또 다른 캡틴으로 취직이 되었지만 현역시절만 하겠는가……. 사열대처럼 즐비하게 서 있는 메타세쿼이아 길을 그이는 열병식을 하듯 달린다. 나도 덩달아 보조바퀴를 돌리지만 자꾸만 햇살보다 더 부드럽고 따스한 감사의 눈물 꽃이 아릿하게 피어오른다.

송아지의 슬프고 애절한 눈물의 씨앗이 흑갈색이라면 그

이 뒷모습에서 피어난 또 하나의 눈물은 가을 해거름에 피어있는 연노랑 국화꽃이라며 나는 애써 마음을 다독인다. 솜털구름이 펼쳐져 있는 하늘을 향해 웃음꽃을 피운다.

눈물은, 모든 것을 내려놓게 하는 소리 없는 언어이다. 놀빛 속에 핀 꽃을 마음으로 꺾어 그이의 어깨에 살포시 꽂는다.

얼굴에 새긴 발자국

아파트 산책길을 걸으면서 한 남자와 자주 스친다. 50대 중반쯤으로 보이는 남자는 차림새가 몹시 헐렁하다. 길고 더부룩한 머리칼은 사자의 갈기처럼 어지러워 사나울 것이라는 예감조차 느끼게 한다.

남자는 애완견과 함께 산책한다. 개도 주인처럼 남루하기는 마찬가지이다. 지나가는 사람들과 눈길을 마주치기 싫은지 아예 고개를 돌리거나 땅만 보고 다니는 그는, 동굴에서 막 나온 원시인 같은 인상이다. 마구 흩으러 놓은 앞뒤가 전혀 맞지 않는 문장을 그 남자의 얼굴에서 읽을 수가 있다.

비록 비슷하게 보이는 얼굴일지라도 사람마다 너무도 다른 문장으로 된 사연들이 빼곡하게 들어차 있다. 산다는 것은 저마다의 심성을 얼굴에 문장이나 그림으로 그려 놓은 일과 다를 바 없다. 그것은 살아온 흔적이고 사연이고 앞으로의 표시등이겠다.

지하철에서는 제법 긴 시간 동안 사람들과 마주 보게 된다. 그때마다 사람들의 얼굴에 대해 골똘히 생각하는 버릇이 있다. 지구상에 태어난 인간은 과거나 미래, 나이와 관계없이 각각 그가 받은 유전자에 따라 생김새가 모두 다르다는 사실을 새삼 깨달을 수 있다. 얼굴은 압축된 한 권의 책이다.

사람은 그가 살아온 발자국을 얼굴에 찍는다는 말이 떠오른다. 어느 소설가와 언젠가 '얼굴'에 대한 이야기를 하던 중 그는 '걸어온 커다란 발자국'은 얼굴에 찍고 작은 발자국은 손가락 마디에 매듭짓는다고 했다. 삶이 만든 인간의 마음속 이미지는 얼굴에, 고단한 삶의 손놀림은 매듭으로 모인 탓이라는 것이다. 그런 생각을 하며 무슨 비밀이라도 캐는 사람처럼 산책하는 남자의 얼굴을 훔쳐본다. 험한 세상에서 파산한 가정을 일으키고자 허공이나마 잡아보려는 몸부림처럼 보이는 사람.

그 남자가 몇 달째 보이지 않는다. 또 다른 문장을 얼굴에 찍고 있는 걸까. 누군가 그에게 깊은 상처를 준 자가 있었을까. 그 상처로 사람들을 외면하고 있는지 모른다.

울적하기는 그 남자를 따라 나온 개도 마찬가지이다. 개는 냄새나 주위환경에 민감하거늘 인적소리에도 무반응이었던 개가 신기했다. 개는 주인을 닮고 주인은 개를 닮았다. 세상에서 자기 집 개만 의지하고 개는 주인만 의지하면서 사는 것처럼 보였다. 개만도 못한 세상이라고 그 남자는 마음으로 점을 찍고 사는지 궁상스러워 보였다.

어느 날 거울에 얼굴을 뚜렷하게 비춰보았다. 그 남자의 얼굴에서 나름대로 그의 발자국을 읽었듯이 내 얼굴에 찍힌 내 발자국을 읽으려고 애썼다. 그런데 읽어낼 수 없었다. 지금까지 자아를 모르고 살았던 셈이라고 거울 속의 나를 아닌 것처럼 본다.

삶을 마감할 때 드러나는 얼굴은 그가 살아온 날의 마지막 부호이며 종결점인 마침표라고 했다. 그 마침표를 환하게 떠 있는 보름달처럼 찍을 수 있도록 그렇게 살아야 한다고 가슴 속의 거울이 은근히 치근댄다.

바람이 얼굴을 스친다. 동그란 바람이라는 생각이 든다. 상쾌하다.

나무를 기억하다

교정엔 하늘 높이 농익은 감과 노란 모과가 허공을 꽉 채우고 있었다. 인간과 나무, 나무와 인간은 얼마나 가까운가. 태초부터 인간은 나무와 밀접한 관계를 맺어왔다고 말한다. 내 살붙처럼 가깝다고 『나무의 신화』 저자 자크 브로스는 말한다. 그렇듯이 이제 나무를 생각할 나이를 먹었을지도 모르겠다. 잔물결 일으키는 삶의 잡다함을 쓸어 모아 치워놓고 나무를 바라보는 여유를 가져야 한다는 생각이 문득문득 쳐들어올 때가 있다.

그래서일까 즐비하게 서 있는 배롱나무가 눈에 들어온다. 배롱나무야 지금까지 살아오면서 얼마나 많이 봐온 나무이던가. 당장 내가 사는 부산 해운대 신도시에만 가더라도 D 아파트 주변에 일렬행대로 장관을 이루고 있다. 6월부터 꽃망울을 터트리기 시작하면 열정의 도가니 속이 된다.

지인을 따라나선 서울 S 여대에 대학교정의 나무들도 잎을 모조리 털어버렸고, 열매들만 허공중에 낮별처럼 매달려 있었다. 일꾼들이 배롱나뭇가지 하나하나씩 짚으로 정성들여 싸매고 있던 모습이 정겨웠다. 싸매는 행동이 어찌나 조심스러운지 어린아이를 다루는 듯했다. 배롱나무는 벌거벗은 것처럼 살갗을 허옇게 내놓고 있어 싸매주지 않으면 겨울을 나기가 어려울 것이다.

배롱나무는 싸매기가 쉽지 않았을 것이다. 몸통부터 굽어 있고 가지는 더욱 굽어 있는 탓이다. 부지불식간에 나무를 만져보았다. 겨울인지라 몸은 서늘했다. 봄이나 여름에 만지면 피가 도는 살처럼 따뜻했던 감각을 떠올리며 옛 생각에 젖었다. "재밌느냐? 그래도 너무 흔들지는 말아라." 샘물이 솟구쳐 오르듯 가슴속에서 말이 들렸다. 고향 집 옆집에 사시던 아저씨의 몇 십 년만의 말만 들려온 게 아니었다. 가느다란 울음소리도 들려왔다. 새댁이었던 희숙이 엄마는 들릴 듯 말듯 도둑처럼 울고 있었다. 마을에 소문이 날 정도로 고된 시집살이를 하는 희숙 엄마는 힘들 때마다 배롱나무 가지 사이에 몸을 숨기고 나뭇가지를 붙잡고 우는 것이었다. 그러다가 희숙이 엄마는 사라지고 말았다. 사라지기 전날 배롱나무에서 다른 날보다 더 오래 울고 있었던 모습이 파노라마처럼 스쳐 지나갔다.

아저씨와 희숙이 엄마뿐만 아니라 나에게도 배롱나무는 인연이 깊은 나무다. 어린 시절 또래들과 함께 배롱나무를 타면서 놀았다. 마을 언덕에 오르면 여러 가지 나무가 있었다. 배롱나무 외에도 느티나무, 벚나무, 아카시아, 은행나무, 팽나무, 뽕나무 등이 있었지만 친구들과 나는 배롱나무를 좋아했다. 다른 나무들은 껍질이 거칠고 키도 커서 오를 수 없었다. 항아리처럼 가지를 벌리고 있는 배롱은 키도 작고 몸이 매끈해서 타기에 좋았다. 이리저리 구불구불한 산길처럼 뻗은 가지는 앉아서 구르기에 좋았다. 힘차게 구르면 위아래로 낭창낭창한 것이 마치 목마를 탄 기분이었다. 친구들과 함께 나뭇가지를 타면서 기차를 타고 서울을 간다고도 하고 부산을 간다고도 했다.

아저씨는 그런 광경을 목격할 때면 걱정스러운 얼굴로 우리를 바라보시다가는 "재밌느냐? 그래도 너무 흔들지는 말아라." 라고 짧게 당부하시며 어김없이 배롱나무 앞에 나타났다. 아니 우리보다 먼저 나와 있었다. 팔 하나가 없는 아저씨는 마치 배롱나무를 지키는 지킴이처럼 노상 배롱나무 곁에서 살다시피 했다. 언제나 배롱나무 근처에서 담배를 피우거나 멍하니 앉아 있다가 우리가 나무타기를 할 때면 당부하기를 잊지 않는 것인데 목소리가 어쩐지 애절했다. 아저씨는 왜 그런 슬픈 목소리로 "너무 흔들지는 말라"고 당부하셨는지에 대한 궁금증은 중학교에 가서야 새삼스럽게 생각이 났고, 궁금증은 곧 어머니로부터 해결되었다.

아저씨는 한국전쟁 때 적탄을 맞았다고 했다. 적탄을 맞고 떨어져 낙동강으로 곤두박질 쳤는데 강가에 있는 배롱나무에 걸렸고, 무려 사흘 동안을 그렇게 매달려 있다가 눈을 뜨자 배롱나무꽃이 눈에 환하게 들어왔다는 것이다. 배롱나무가 살려준 것이라고 어머니는 배롱나무를 칭찬했다. 그 후 나도 학업이다 결혼이다 해서 고향을 떠났고 배롱나무를 까맣게 잊고 살았다.

서울에 며칠 체류하면서 대학의 배롱나무를 한 번 더 볼 수 있었다. 수십 그루의 배롱나무들 싸주는 작업은 거의 마무리 단계였다. 한 겹으로만 싸는 게 아니었다. 두세 겹이었다. 뽀송뽀송한 볏짚으로 야무지게 싸인 배롱나무들이 가지 끝만 내밀고 있었다. 따뜻해 보였다. 마음이 놓였다. 잘 싸인 배롱나무 앞에서 나는 신나게 나무타기를 할 때 출렁거리던 내 무게를 느끼며 아저씨의 당부를 처음으로 음미해보았다. 보호를 잘 받고 있는 배롱나무는 옆집 아저씨와 희숙이 엄마를 은유하고 있었다. "너무 흔들지는 마라"는 슬픈 듯한 목소리가 은유하는 것은 "나뭇가지가 부러질 수 있다"는 걱정을 넘어선 나무와 인간에 대한 연민이며 인연이었다. 오규원의 시 '그 옆에서 높이로 서 있던 나무가/어느새 물속에 와서 깊이로 다시 서 있다' 에서처럼 고향 그 배롱나무가 내 가슴속에 그날의 깊이로 다시 서 있었다.

찢어진 청바지

찢어진 청바지를 입을까 보다. 머릿속에서 일탈의 유혹이 일렁인다. 탄력을 잃어가는 피부와 듬성듬성 흰머리가 자꾸만 늘어가는 변화에 대한 반항일 것이다. 나이는 나를 무조건 앞으로 끌어가는데 의지는 뒤로 발 버팀을 하는 몸과 정신의 충돌 틈새에 청바지가 있다.

나이보다 젊어 보이고 싶은 것이 사람 마음일 게다. 거울을 쳐다보며 입가에 생긴 잔주름을 손으로 쫙쫙 펴보기도 하고 머리에 예쁜 핀을 이모저모로 꽂아도 본다. 머리를 한층 젊어 보이도록 묶어도 보고 풀어도 본다. 웃으면 잔주름이 고와질까 봐 웃을 일도 없는데 거울을 쳐다보며 생글생글 웃어본다. 그런데 오히려'넋 나간 동막골 꽃순이'같다고 거울 속의 내가 헛웃음을 친다. 젊음을 향한 발악인 듯 못마땅하다. 주제넘은 욕구와 불만을 괜스레 청바지에 푼다. 찢어진 청바지 사이로 모난 뿔따구를 발산하고 싶은 것이다.

불과 지난해 일이다. 속살이 훤히 드러나게 찢어진 청바지를 입고 다니는 젊은이들을 보면서 고개를 갸웃거렸다. 멋이라고는 전혀 느낄 수 없고 겨울엔 추울 것 같아 안타까웠기 때문이다. 마치 맹수가 공격 자세를 취하는 것처럼 저돌적으로 반항하는 차림처럼 보였다. 그런데 이게 뭐람, 하늘의 뜻도 안다는 연령대이건만 요즘엔 찢어진 청바지가 입고 싶다. 격세지감이다. 틀에 박힌 편견을 버리고 싶은 갈구이기도 하다.

옷의 찢어진 틈새로 화살촉 같은 바람을 맞으면 맥없이 죽어가는 세포가 퐁퐁 생성될 것 같다. 어떤 옷을 입고 있느냐에 따라 자세와 마음가짐이 달라진다. 한복을 입고 있으면 이와는 대조적이다. 마음이 잔잔하다. 우아하고 고상해진다. 품격 있는 인품과 품위도 좋지만 그보다 더 간절함은 활기찬 젊음이며 패기다. 여유를 가지고 관망하는 자세보다 민첩하고 진취적이며 도전적이 되고 싶다. 다리에 딱 달라붙은 찢어진 진 스타일을 입고, 사람들이 북적거리는 곳이나 도서관을 다니면서 시들어가는 젊음의 끼를 만끽하고 싶다. 누군가 '주책이 뛰쳐나와 활보한다.'고 비아냥거린다해도 이쯤 핀잔은 감수해야 한다. 변화란 갈등과 고통 속에서 시작되고 있음을 위안 삼으면서 말이다.

몸이 나태해지고 감정이 무뎌질 때 유독 청바지를 입고 싶다. 청바지는 변화와 도전의 표상이고 곧 젊음의 상징 아닌가. 청년문화와 청바지는 동의어나 다름없다. 청바지를 통해 젊음을 표현하고 싶은 욕망이 꿈틀거린다. 그 속에 학창시절의 추억이 물안개처럼 피어오른다. 청바지와 통기타 생맥주는 베이비붐 세대들은 결코 잊지 못하는 추억 속의 옷이다. 값싼 청바지를 입고 생맥줏집에 모여서 무명가수들의 통기타 노래를 들으며 젊음을 만끽했던 추억을 누구나 가지고 있을 것이다. 1970년대 후반부터 1980년대 청년문화는 통기타 생맥주 또는 청바지 문화라 불리기도 했다. 그러나 나는 그때도 청바지를 그다지 즐기지 않았다. 어쩌다 꿈에 떡 얻어먹는 식으로 입었을 뿐 주로 단정한 치마를 입고 다녔다.

그때 못 입었던 청바지가 그리움이 되어 몸에 착 감기는 느낌이 든다. 가수 변진섭의 노랫말처럼 청바지가 잘 어울리는 여인으로 변신해볼까 보다. 청바지가 잘 어울리는 초로의 여인, 생각만 해도 상큼한 기운이 솟는다.

우리나라에 청바지가 들어온 것은 1950년대라고 한다. 미국 서부개척시대에 입었다는 푸르면서 푸른 것도 아닌 헌옷 같아 보인 작업복이 70년대만도 사람들 눈에 옷 같은 옷으로 보일 리 없다. "괴상하고 예의에 어긋난다."라는 편견 때문에 어른들의 눈치를 받던 옷이다. 친정어머니 역시도 학창시절 청바지를 어쩌다 드물게 입고 있던 나를 보시면 마치 전염병이라도 옮길 것처럼 깜짝 놀란 눈으로 '옷이 그게 뭐냐'면서 치마로 갈아입으라고 다그쳤던 기억이 새롭다.

청바지의 이미지는 그때나 지금이나 변함없는 옷이다. 젊음, 반항, 도전 개척정신 등을 지니고 있다. 틀에 박힌 고정관념을 깨고 자유분방하게 하는 차림. 가장 쉬운 차림 같지만 누구에게나 쉽지 않은 스타일이다. 중년 이후에 소화해 내기는 만만찮다. 자칫하면 주제 파악도 못한 채 젊음만 쫓아가는 양 천박하다. 그렇다고 누구나 다 주책없이 보이는 것도 아니다. 오히려 젊은이들보다 더 잘 어울리고 멋스러운 분위기를 연출하는 사람들도 있다.

며칠 전 지하철 안에서였다. 반백의 머리에 온화한 인상을 지닌 60대 후반쯤 보이는 지적 분위기인 노신사가 청바지를 입고 있었다. 멋스러웠다. 젊은이들이 입는 청바지가 열정과 패기와 도전이라면 노신사가 입고 있는 청바지는 편안함과 느긋함과 자유였다. 초월이 엿보인 철학이었다. 세계적인 패션디자이너 아르마니가 '청바지에 면 티 입으면 제격'이라고 예찬했던 게 바로 저런 거라는 생각이 들었다. 세대 간의 격차를 무시해버린 청바지. 거기엔 젊음과 노년의 어울림이 있고 소통이 있다. 그러고 보면 청바지는 삶의 텃밭을 잘 가꿔 온 사람이 입을 수 있는 노년에 잘 어울리는 옷인 듯하다.

나는 청춘만 부러워하며 콩팔칠팔 설레발치는 것은 아닌지 자문하면서 옷장을 열어본다. 길고 짧고 두꺼운 세월의 흔적이 옷에 배어있다. 중년 여인에게 잘 어울리는 찢어진 청바지, 열림과 자유와 도전에 대한 꿈으로 조금 철없이 신나게 뛰어보라며 변신의 유혹이 일렁인다.

꽁무니바람이 어서 청바지를 입고 나서라고 베란다 창문에서 안달한다.

자랑질

우스갯소리로 '중2가 제일 무섭다.'라는 말이 떠도는 세상이다. 앞뒤 가리지 않고 제 마음대로 감정을 폭발하며 또래들끼리 모여 욕을 남발하는 청소년을 지칭하는 말일 게다. 물론 아이들이 다 그런 것은 아니지만 격세지감이 든다.

'베이비 붐'세대인 우리는 어린 날 언감생심 어른이나 다른 사람 앞에서 욕하거나 거늘먹거리는 자체가 말도 안 되는 일이었다. 들길에 해맑게 핀 한 떨기 이름 없는 꽃처럼 순수할 뿐이다. 길을 가다가 살짝 색다른 것만 봐도 까르르 웃던 사춘기도 모르는 '중2 시절'이다.

언니에게 물려받은 손목시계

하루 간격으로 멈춰 서던 손목시계를 언니한테 물려받아 처음 차 보던 시절이기도 하다. 그때 나는 고장 난 시계와 상관할 바 없이 시계를 지녔다는 만족감에 마음이 붕 떴다. 면 소재지에 있는 중학교를 친구와 걸어 다니면서 토끼풀 꽃을 따다가 손목시계라며 만들어 차고 토끼처럼 깡충깡충 뛰며 놀기도 했다. 당시 시계는 그만큼 귀한 물품이었다. 어느 집이든 해와 달이 시계였다. 해가 흙마루에 내려가면 점심때고, 해가 동산을 넘어가면 저녁밥을 먹고, 새벽닭이 두 번째 울면 옆집에 사는 몽니쟁이 친구 엄마는 새벽 교회를 다니신다고 알려 주시기도 했다.

시보를 알려 주는 라디오도 물론 흔치 않았다. 동네에 세 대가 있었는데 우리 집에도 파란 '금성 라디오'가 있어 흐뭇했다. 밤에는 '산 넝자의 풀피리', '전설 따라 삼천리' 같은 연속극을 들으려고 소꿉친구들이 몰려오기도 했다.

그랬던 시절이었는지라 시간도 잘 맞지 않은 낡은 시계였지만 보물이라도 간직한 듯 자다가도 일어나 만져 보았다. 때로 학교에 가기 싫은 날이 많은데 그 뒤로는 학교 가기만을 기다렸다. 책가방을 들면 시곗줄이 헐렁해 손목으로 내려와 반짝반짝 빛나는 나의 '세이코 손목시계'를 누군가 보아줄 것 같았기 때문이다.

'나 시계 찼다.'하고 길 가는 사람들을 향하여 자랑하고 싶었던 게지. 그때는 먹는 것이 먼저고 스타일 따윈 먼 나라의 일인 양 관심 밖이었다. 시계보다 들판에 심겨 있는 곡식에 온통 관심이 쏠렸고, 어디선가 풍겨 오는 맛있는 음식

냄새에 정신이 팔리곤 했다. 누군가 볼 사람도 없는데 괜히 혼자서 수시로 고장 난 시계를 가지고 보물이라도 된 것처럼 자랑하던 철문이 짓이었지만, 그 속에서 꿈이 자랐다.

학교 가는 길에 무거운 책가방을 기를 쓰고 시계를 찬 왼쪽 팔로만 들고 다녔다. 그 덕분에 왼팔은 처지고 힘들더라도 오른팔은 언제나 가볍고 상쾌한 듯 신바람 나게 흔들어 댔다. 시계를 차지 않은 오른팔은 편했다. 이처럼 손에 쥔 것 없어도 마음이 편하다는 것을 그때는 몰랐다.

빈 수레 요란한 격으로 자랑하고 싶었을 터이다. 시곗줄은 요즘처럼 세련된 것도 아니었다. 스테인리스로 된 묵직한 줄이다. 학교에 도착해서는 친구들한테 자랑하고 싶어 시계를 찬 왼팔에 수시로 턱을 괴었다. 그런데 시계는 눈치도 없이 주르르 흘러 소매 안으로 들어가 숨어 버리곤 했다. 그때마다 공부는 뒷전이고 시계를 손목 위로 나오게 하려고 애를 썼다. 친구들 앞에서 뽐내고 싶은 속도 몰라준 시계가 짓궂은 친구 같다. 어쩌다가 용케 시계를 본 학우가 부러운 눈빛으로 몇 시냐고 묻기도 한다. 그럴 때는 왼팔의 아픔도, 옷 속으로 숨는 시계와의 실랑이도 한꺼번에 싹 달아난 듯 유쾌하다. 마치 낚싯대에 큰 물고기가 걸려든 것처럼 의기양양하다.

고장 난 시계 때문에

그런데 이게 또 어찌된 일인가. 학교에 갈 때까지만 해도 멀쩡하던 시곗바늘이 멈춰 섰다. 고장 난 시계는 내 마음도 고장 내고 말았다. 자랑거리가 있어 신바람 난 소녀와 살고 죽기를 반복하는 시계가 시소게임을 하는 격이다.

학교 수업이 끝나자마자 장터에 있는 조그마한 시계방으로 달려갔다. 허름한 공간은 비좁아도 사람 냄새 물씬 풍기던 곳이다. 한쪽 벽에는 추가 달린 커다란 괘종시계가 걸려 있고, 시계방 안에는 온통 작은 벽시계며 손목시계가 진열되어 있다. 주인아저씨는 구석진 곳에서 고장 난 시계를 수리하고 계셨다. 나는 그 귀한 시계들이 째깍거리고 있던 시계방을 면 소재지에서 제일 부잣집처럼 여겼다.

공책 살 돈까지 다 털어서 시계를 수리했건만, 시계는 일주일쯤 버티다가 또 죽어버렸다. 자랑거리가 사라져 버린 소녀는 소낙비를 흠뻑 맞아 폭 젖은 닭 꼴이 되었다. 그렇다고 이 귀한 걸 어찌 버리겠는가. 배곯아 본 사람이 배고픈 걸 안다고 물건의 소중함을 그때 알았다. 하지만 물건에도 인연의 끝이 있을 터, 여고에 들어가면서 그 손목시계는 어느덧 책상 서랍 지킴이가 되어 뒷방 늙은이처럼 서랍 한 귀퉁이를 차지하였다.

나에게 시계란

그 뒤로 손목시계는 집에서 기르는 강아지만도 못한 관심 사라진 물건이 되었다. 19세기 초부터 일반적으로 사용되었다는 손목시계는 나에게는 그저 시간을 알려 주는 도구일 뿐 그 이상의 것도 아니다. 성년이 되어서도 명품 시계는 잘 모를뿐더러 흥미도 없다. 나에게는 명품 시계가 아니라 명품 시간이 소중하다. 감칠맛이 나면서 풀꽃처럼 잔잔하고 은은한 바람으로 주변에 싱그러운 향기를 발산하는 시간, 더불어 살며 낭만적인 여유를 즐기는 시간이어야 한다는 걸, 고장 난 시계가 보여 준 셈이다.

그 손목시계를 떠올리며 핸드폰을 열어 본다. 스마트폰이라는 문명의 이기가 시계를 대체하였다. 멋과 부의 상징이며 시간만 알리던 손목시계가 아니다. 일 분 일 초도 어김없이 알려 준다. 최근 출시되고 있는 '스마트워치'는 손목시계의 미래를 보여 주는 기술의 집합체가 아닌가 싶다. 통화는 물론 심장 박동 수, 실시간 위치 확인 등의 다양한 기능을 손목시계에서 사용할 수 있어 손목시계의 장점에 스마트함을 더했다.

과학의 발달을 거듭하며 달려가는 21세기, 모든 것이 신속하고 편리해졌지만 마음 한쪽이 공허한 것은 왜일까? 40여 년 전 고장 난 손목시계를 처음 찼던, 궁핍 속에서도 충만했던 그때의 정서가 달보드레하다. 작은 것에도 만족하고 기쁨과 감사함이 스며 있다.

허름한 시계방의 소박한 정이 지난날과 오늘 사이에서 시냇물처럼 흐른다.

면앙정가를 읊으며

산자락 아래 댓잎사이로 새벽녘 별꽃들이 반짝반짝 쏟아진다. 어둠을 가르며 소곤거린 새싹 같은 여명의 순간이 눈부시게 아름답다.

마을에서 다소 떨어진 한적한 야산에 자리 잡은 암자庵子는 청상과부처럼 음전하며 다소곳하다. 밤알 한 톨이 툭 떨어지는 소리가 들릴 듯한 고요가 사방에 깔려 있다. 떨어지는 밤톨을 받아 쥐느라고 풀밭은 작은 손을 벌리고 고개를 치켜든다. 금방이라도 목탁소리가 흘러나올 듯하다.

밤톨이 떨어지는 소리를 목탁이 받아 도란도란 울리는지도 모른다. 희끄무레 밝아오는 하늘빛은 도량을 밝혀주는 수은등의 늦잠을 깨운다. 풀벌레들도 새벽 한 때를 즐기는 걸까. 어떤 녀석은 소프라노, 또 어떤 녀석은 알토다. 시끌벅적한 도회지의 광란 음이 아닌 산중턱의 새벽음악회는 세상 시름을 계곡물 같은 소리로 가볍게 풀어준다. 고요는 몸과 마음만이 아니라 주변을 한적하고 평화롭게 한다.

사락거리는 나뭇잎소리가 정겹다. 졸졸 흐르는 물소리는 귀를 맑게 헹구어준다. 바람결에 흔들리는 나뭇잎은 오염에 찌든 시력을 환하게 한다. 종합병원인들 이렇게 말끔하게 치료해 줄 수 있을까. 오직 자연의 힘만이 가능할 것이다.

풀잎에 맺힌 이슬처럼 찰나적일지라도 동요보다 순수하고 클래식보다 한결 심오하다.

굉음을 지르며 초고속으로 스쳐가는 어리둥절한 세상일이 평온한 마음에 파문을 일으킨다. 눈 깜짝할 사이 건망증에 시달리며 앞뒤를 잘 분간하지 못하는 비일비재한 일들, 전화기를 냉장고에 집어넣었다는 사람이 있는가하면 옷을 다리던 중 전화벨이 울리자 다리미가 전화기인 줄 착각하고 귀에 대었다는 소리도 들린다.

그냥 웃어넘길 수만은 없는 코미디 같은 일이 다반사로 일어나는 건망증 세상이기도 하다. 나 또한 예외는 아니다. 컴퓨터 자판을 치다가 전화를 받는다. 전화를 걸다가 무슨 서류를 급히 찾는다. 그런 와중에 컴퓨터를 켜놓은 채 헐레벌떡 외출을 나설 때도 있다. 그게 모두 급하게 돌아가는 세상 탓이라며 궁실거릴 일이 아니다. 나를 차근차근 다스리지 못하고 눈에 보이는 잡다한 일에만 쫓겨 살아가기 때문일 것이다.

나무가 맑은 하늘을 우러러 살아가듯 자연의 품에서 여유를 누리고 싶어 잠시 다니러 온 고향에서 소리 없는 별빛의 속삭임에 귀를 모은다. 마음속 눈이 밝아진다. 머물고 있는 '진불암'암자에서 무뎌진 내 영혼이 반딧불처럼 빛을 낸다는 산뜻한 생각에 정신이 말갛다. 고목나무가 된 은행잎 사이로 불어오는 실바람을 들이키며 홀로 암자에 앉아 있는 내 모습을 마을 어디에서 수탉이 보았을까.'꼬끼오'하고 사랑의 세레나데를 부른다. 눈과 귀가 솔깃해지더니 빛바랜 사랑이 갑자기 마음에 불을 켠다.

사람과 동물의 벽을 허물며 『브레멘의 동물음악대』의 일원이 되어서 고향으로 돌아와 유유자적한 일상을 꿈꾼다. 김만중의 『구운몽』처럼 꿈이 아닌 현실을 스케치 한다. 생기가 돋아 입이 반달처럼 헤벌쭉해진다. 스트레스, 불만, 욕심, 시기, 질투, 험담, 부정이 아닌 긍정이 투명하게 샘솟아 온 몸에 퍼진다.

복잡한 일상을 떠나 긴장감이 없는 한적한 삶을 바라고 있다는 것은 나이가 들어가고 있다는 것일 게다. 혈기왕성한 청춘시절에는 무엇이든 도전하고 실패에도 굴하지 않게 했다. 하지만 어느새 비움의 아름다움을 알게 되고 현실에 안주하면서 잊었던 고향을 다독다독 마음에 새긴다.

고향을 생각하면 송강 정철이 산천의 아름다움을 표현한

송순의 「면앙정가」가 먼저 떠오른다. 이 가사를 나는 '거시기 허벌나게'좋아한다. 초등학교 시절 송강정松江亭으로 소풍을 갔던 기억이 어려 있는 「면앙정가」의 무대는 추억의 자락이기에 한층 더 가슴에 와 닿는다.

"구름 탄 푸른 학이 천리를 가리라. 두 날개 벌리는 듯 옥천산 용천산 내린 물이 정자 앞 넓은 들이 구석구석 펼쳐 있고, 넓거든 기노라 프로거든 희지 마니 쌍용雙龍이 긴 벌판에 펼쳐 놓은 듯"고향을 지나치게 미화시켰다는 평도 듣지만 호남제일의 시단을 형성한 본거지답게 담양의 낙천적인 흐름은 부인할 수 없다.

둘리처럼 이리보고 저리 봐도 풍류의 고장이다. 길상지吉相地임을 알 수 있다. 읍이 형성되기 이전부터 지금까지 홍수나 가뭄 같은 큰 재난을 당해보지 않았다고 한다. 특산품인 대나무가 주를 이루고 있어서 이 나무들이 흙 속에서 배수를 조절하여 홍수와 가뭄을 막아주는 역할을 하고 있다.

영화촬영지로도 유명한 메타세쿼이아의 길은 언제 보아도 넉넉하고 고풍스럽다.'관방제림'의 우람한 나무들도 빼놓을 수 없다.

"두르고 꽂은 것은 산인가 병풍인가 그림인가, 높은 듯 낮은 듯 끊어지는 듯 이어지는 듯"쌍룡이 긴 벌판에 펼쳐져 있는 듯한 들녘이다. 누렇게 익은 나락들이 침묵 하며 고개를 숙이고 있다. 마음에 풍년가가 절로 솟는다.

귀는 천사다

긴 머리카락이 귀를 덮고 있다. 눈 코 입은 '나 여기 있노라'며 당당하게 드러내놓고 있건만, 잘록한 두 귀는 검은 머리카락 속에 잠복 중이다. 소리를 전달하고 달팽이관을 통해 몸의 평형을 유지하는 소중한 역할을 하는 귀는 관심받기는커녕 먹다가 만 찬밥신세다. 볼 양쪽에서 문지기처럼 버티고 있는 생김새를 보나 크기를 보나 기능 면을 보나 눈코입보다 뒤질 게 없다. 하지만 귀는 머리카락 뒤에서 기를 펴지 못하고 있다. 외향적인 눈 코 입과 달리 귀는 정관적靜觀的이다. 법 없이도 사는 사람과 닮았다.

귀를 여성들은 따돌리기가 일쑤다. 주름살, 눈썹, 눈, 코, 입술, 피부…….심지어 신체 일부까지 가꾸고 뜯어고치느라 성형외과를 드나들며 많은 돈과 시간을 아끼지 않는다. 하지만 귀는 숨겨 놓은 자식취급이다. 눈썹 눈 코 입술처럼 귀를 성형하는 사람은 드물지 싶다. 관심을 받지 못하는 것은 외양뿐만 아니다. 온갖 잡음으로 피로에 지친 귀에는 아예 관심을 두지 않는다. 인간에게 입이 하나이고 귀가 두 개인 이유를 유대인은, 말하는 것의 두 배로 들으라는 뜻으로 풀이한다는 글귀가 무색하다.

이목구비라는 한울타리 안에 모여 있거늘, 눈은 행동이 민첩해서일까, 귀와 다르게 세상의 눈치를 사로잡는다. 눈꺼풀 수술을 하기도 하고, 마스카라를 올리고 아이라인을 그리는 등 관심을 듬뿍 받는다. 코는 우뚝 솟은 기세로 얼굴 중앙에서 무게를 잡고 있다. 행여나 콧대가 낮아서 기죽을세라 콧대를 더 세워주고 콧구멍을 안으로 밀어 넣는 등 의술의 힘도 마다치 않는다. 입이라고 가만히 있겠는가. 루주로 핑크색 커피색 붉은색 등 여러 색깔로 번갈아 가면서 곱게 입술을 그려주고 애정을 쏟아 붓는다. 그래도 성에 안 찬 사람은 아랫입술이 짧고 두터우면 섹시해 보인다며 시술을 하는 사람도 있다. 반영구적인 화장도 한다. 입술에 색을 넣고, 입꼬리를 추어올리는 등 앵두 타령을 한다. 눈썹, 눈, 코 입술은 사랑스러운 애첩이라면 귀는 뒷방 늙은이 신세다.

화장을 한 번도 받아보지 못한 가려진 귀가 안쓰럽다. 머리카락을 제치고 귀를 내놓아 본다. 모처럼 귀가 세상 밖으로 내다보는 느낌이 든다. 보아주는 이 없는 머리카락 뒤에서 외로움이 병이 되었을까. 이명 현상을 일으키며 하소연한다. 일종의 떨림판과 같은 역할로 소리를 듣는 고막을 닫아버릴지 모른다는 겁을 준다. 아뿔싸! 그때야 관심을 보이며 병원을 떠올린다. 귀를 멋있게 성형하러 간 것이 아니고 치료목적으로 이비인후과를 찾는다. 그마저 관심을 가져줘 다행이라고 여긴 귀는 다시 역할에 충실하다. 개성시대의 독특한 유혹에도 현혹되지 않고 본연의 가치를 존중할 줄 아는 귀가 돋보인다.

돋보이는 아름다움도 때가 되면 세월의 힘 앞에서는 어쩔 수가 없나 보다. 고령이신 친정아버지는 전화를 받아들면 동문서답이다. 잘 들리지 않기 때문이다. 수화기에 대고 '아버지, 아버지' 불러대도 딸의 목소리를 전혀 못 알아듣고 '누구세요, 누구세요?'하시면서 '어허~전화해 놓고 소리가 없다'며 뚝 끊어버린다. 기가 찰 노릇이다. 10년 전까지만 해도 어머니는 아버지 귀가 어찌나 밝던지 귀신같다고 했다.

오랜 세월 동안 맑고 고운 소리가 아닌 날카롭고 둔탁한 소리에 멍이 들었을까. 보청기를 사용해 보고 이비인후과를 찾아가 보아도 별 효과가 없다. 문명의 편리함 속에 경쟁이라도 하듯 쏜살처럼 사라져가는 정다운 음성이 그립다 못해 아예 잠금장치를 걸고 있나 보다. 좋아하는 노래'성주풀이'도 불러주고 '사랑합니다.' 라며 귀를 즐겁게 해 드릴

건데 아버지 귀는 이미 저만치 멀리 있다.

쇳소리 같은 파다한 잡음이 넘치는 세상이다. 내 귀라고 언제까지나 청력이 좋을 리 만무하거늘, 기계음의 소리에 익숙하여 맑고 투명한 소리에 무뎌질까 봐 은근히 두려워진다. 들리는 것이 아닌 들리지 않는 것에도 관심을 주고 대하겠노라며 새삼 마음을 다진다.

그런 생각만은 아니지만, 세수할 때도 사랑스러운 마음으로 귀를 씻는다. 구석구석 씻고 깨끗이 닦아주면서 때로는 살며시 부드러운 음성으로' 귀야! 입이 앞서 말하기보다 귀 기울여 듣겠노라.'라고 말을 건넨다.

귀를 덮고 지내다 보니 듣기보다 말이 우선이었지 싶다. 그래도 '나를 몰라준다며' 불평불만을 하지 않는다. 눈처럼 좋다고 눈웃음치면서 간드러지게 웃지도 않고 분하다고 째려보지도 않는다. 상큼한 향기가 난다고 코를 들이대고 냄새를 킁킁거리며 맡지도 않는다. 기분 좋다고 헤벌쭉 웃지도 않고 속상하다고 비수 같은 말을 퍼붓지도 않는다. 있는 듯 없는 듯 무던하고 생색을 모르는 귀다.

어디 무던하기만 할까. 건강 척도에 가장 민감한 기관이 귀라고 한다. 귀에는 온몸의 경혈과 연결된 약 200개의 반사 점이 모여 있다고 하니 귀가 몸의 중심이겠다. 몸의 각 부분이 귀와 연결되어 있어 귀를 만지는 동작만으로도 오감을 지각하는 능력이 향상되고 또 균형 감각이 발달한다.

이름난 장수촌의 장수비결 가운데 하나가 매일 밤 귀를 비비고 빨개지도록 자극한 뒤 잠자리에 드는 것이라고 한다.

건강 척도만 알려주는 것이 아니다. 봄의 전령들이 톡톡 터지는 미세한 소리, 가뭄 끝에 모처럼 후드득 쏟아지는 소낙비 소리, 뜨르륵 흘러가는 계곡물 소리, 푸드덕 느닷없이 덤불속에서 힘껏 날아오르는 장끼 소리, 처마 밑 고드름이 툭툭 떨어지는 소리를 전해주는 귀는, 소리의 전령사며 천사다.

긴 머리카락을 제치고 환하게 나와 있는 귀가 자판기 치는 소리를 쫑긋 듣고 있다.

봄이 다 이울기 전에

소복한 벚꽃이 유백색 융단을 깔아놓은 듯 잠든 감성을 흔든다. 시원스런 성격에 담백한 사람을 보는 것처럼 매혹적으로 다가선 꽃이다. 아파트 주변의 벚꽃은 꽃구름을 태워 공중으로 둥실 띄워주는 황홀함을 선사한다. 꽃불에 녹아든 시선은 백목련에 머문다. 귀부인처럼 우아하고 온화한 지성을 겸비했다.

백목련은 전설 속에서 하늘나라 공주였다고 하는데 짧은 생애를 마감한 영국의 다이애나 비를 생각나게 한다. 또 한 여인이 꽃그늘에 잠긴다. 불꽃처럼 산 광기의 천재 수필가 전혜린이다.

목련은 화무십일홍花無十日紅이란 말도 무색하리만치 겨우 삼일동안 고혹한 자태로 머물렀다가 누르스름하게 생기를 잃기 시작한다. 아기 살결처럼 곱고 부드러운 꽃잎이었건만 불치병을 앓는 환자처럼 거무죽죽 지리멸렬하게 말라가는 그 모습은 무슨 심사心思인가. 애간장을 저민다.

백혈병으로 아주 서서히 생명이 꺼져갔던 동생이 목련이 지는 자리에서 피어오른다. 새까맣게 시들어가는 목련꽃잎처럼 병상에서 천천히 거무튀튀하게 세포가 죽어가는 것을 바라볼 수밖에 없었던 누나의 심정은 불에 타듯이 녹아내려갔다.

그래도 혈육의 끈을 놓기 싫었지만 끝내 편안하게 가라고 기도를 할 수밖에 없었던 그 순간들의 절규가 동생이 천상으로 떠난 지금도 어둠의 그림자로 남는다. 사방 천지에 흐드러지게 꽃이 핀 봄은 그래서인지 때로는 슬픔의 그림자가 진다.

앙증스럽게 핀 제비꽃이 담장발치에서 입을 연다. 아픔도 기쁨도 모든 것은 때가 되면 다 지나가는 것이라며 자기네들의 공화국을 넌지시 선보인다. 보라색과 하얀색으로 군락을 이루었다. 미소를 띤 풀꽃은 순박한 농부를 닮아 흙을 떠날 수 없다는 듯 흙에 발을 뻗고 편안하게 엎드렸다.

봄은 흙 속에서 움트고 생기가 돋은 그리움이 솟아나는 계절이기도 하다. 찹쌀가루와 멥쌀가루를 섞어 잘박잘박 버무린 반죽을 보름달처럼 동글납작하게 만들어 그 위에 한 잎 한 잎 진달래꽃잎을 수놓아 잘게 썬 대추로 나무줄기를 대신하고 쑥갓으로 잎을 만들어 누릇누릇하게 화전을 부쳐 먹었던 동생과의 자취생활이 그리움의 싹이 되어 전신에 돋는다.

〈고향의 봄〉노래가 절로 입술에서 터진다. 봄이 다 이울기 전에 봄꽃을 아름아름 엮어 이기대 넘고 오륙도 건너 레테의 강을 지나서 천상으로 보내고 싶다.

'해마다 피는 꽃을 나만 두고 볼 것인가! 세세하게 사연적어…….' 띄워 보내리.

시클라멘 안녕

천연기념물이 가장 많다는 은행나무는 사방이 푸른 향기로 싱그럽다. 크고 작은 전설이 깃든 마을의 신목 느티나무, 땅에 누워 콧노래를 부른 듯한 앙증맞은 토끼풀에 이르기까지 초록 세상이다. 마음도 덩달아 푸른 계절이다.

그런데 너는 한 생을 열정적으로 살았던 노쇠한 예술가의 모습처럼 희끄무레 자취를 감추고 있구나. 화려한 날은 가고 없지만 패기에 찬 당당하던 모습이 눈에 선하다. 매서운 추위를 견디지 못하고 나목이 되었던 그들과는 달랐지. 스산하고 삭막한 풍경 속에서 양귀비꽃보다 더 화사한 모습으로 겨울의 쓸쓸함을 달래주는 고마운 친구였어. 키가 큰 나무도 아니고 덩치가 있는 것도 아닌 앵초과의 여러해살인 고 작은 식물이지만 다부지었다. 하트모양의 초록 잎에 불규칙한 회색 무늬가 인상적이었지. 겁도 없더구나. 칼바람이 베란다 창문을 사정없이 후려치는 한파에도 춥다고 엄살 부리지 않더군. 그 어엿함에 냉기가 녹아내리는 것 같았다.

불어 닥친 강추위를 즐기는 것처럼 붉은색, 하얀색, 연분홍색의 꽃들은 서로 기량을 뽐내며 화사한 웃음을 그칠 줄 몰랐었지. 그런 당찬 모습에서 작은 고추가 맵다는 걸 새삼 실감하기도 했다. 보일러를 틀어 놓아도 추워서 움츠리고 있던 나와는 달랐지. 하늘을 나는 제비 모양으로 활짝 웃고 있던 너. 그러나 지금은 그 자태가 온데간데없구나. 정주고 떠난 임을 생각하는 아쉬움이라고 할까. 허옇게 삐쩍 말라 버린 빈자리에 애련한 눈길만 갈 뿐이다.

다행한 것은 한 번 가면 영원히 가는 것이 아니기에 조금은 위안이 된다. 물론 너를 어떻게 대하느냐에 따라 만남의 기약이 달려있겠지만 내 뜻을 배반하지 않으리라 본다. 더위에 약한 너는 여름이 휴면기이지. 겨우내 꽃불을 밝히고 있노라 지쳤으리라 봐. 여름 동안 그늘진 곳에서 푹 쉬고 있다가 선선한 초가을 바람이 불면 깨어나려무나. 국화 자리까지 왕성한 잎으로 침범하고 있던 욕심쟁이 사랑초가 시샘하여 배 아프지 않게 살짝궁 만났으면 한다.

십일월에서 사월 초까지 우리 집 베란다에서 나를 행복하게 해주었으니 이번엔 내가 너를 따뜻하게 살펴줘야 할

차례인가 보다. 아름다웠던 모습 사라지고 초라하지만, 천덕꾸러기 취급은 결코 하지 않을게. 생을 마감한 양 잎이 하얗게 말라버린 너를 보잘것없다고 함부로 무시하지도 않을게. 겉흙이 말라있으면 가끔 물을 챙겨주고 무더운 더위엔 통풍이 잘되고 제일 시원한 자리에 너를 앉혀 놓겠다. 그런 다음 늦여름쯤 대청소를 해주듯이 분갈이를 하여 네가 좋아하는 거름도 좀 주고 햇살이 좋은 곳으로 자리를 옮겨 줄 것이니 기다려봐.

그럼 너는 생기를 되찾겠지. 뙤약볕이 발광하는 여름을 침묵하고 있다가 하늬바람이 불어오면 새순을 달고 새치름하게 나올 너를 생각하면 벌써 마음이 설렌다.

너에게 유독 정이 들어버린 까닭은 매서운 추위 속에 활짝 웃고 있는 모습이나 강인함 때문만은 아니야. 재스민, 군자란, 사랑초… 얘들은 좁은 자리까지 턱하니 차지하면서 춥다고 얼굴도 내밀지 않고 있는데 너는 꽃등을 켜놓고 마음도 춥고 몸도 추운 초라한 나의 겨울을 즐겁게 해주었어. 그 고마움에 매료되어 나는 수시로 베란다로 나가서 곁에 쪼그리고 앉아 너에게 말을 붙이면서 빙그레 웃으며 쳐다보고 있었지. 그러면서 너를 향한 신뢰와 사랑이 커졌던 거야. 지금은 꽃등불이 꺼지고 마른버짐 같은 모양새이지만 그때 내 안에 새겨졌던 고마움이 든든하게 버티고 있는 거란다. 정이 메마르고 이기심이 판을 치는 세상이라 해도 배

은망덕한 일은 결코 없었으면 해.

공양미 삼백 석이 아닌 단돈 팔천 원에 우리 집으로 올 때 붉은 꽃잎이 내 마음을 사로잡았지만 외로울까 봐 친구하라고 분홍색과 하얀색도 함께 데리고 왔었는데 서로 조화를 이루어 아름다움이 더욱 빛나 보였지. 나비들이 한군데로 사뿐히 내려앉은 듯한 착각을 하기도 했어. 꽃이 피기 전 모습은 또 어떻고. 마치 돌돌 말린 꽃잎이 바람개비로 변신할 것 같은 마술사처럼 보이기도 했다. 그뿐일까. 꽃색이 화려하고 짙으면 향기가 대체로 미약하거늘 너는 코끝을 스치는 향기도 지니고 있어 여러모로 매력 덩어리였단다.

사람이건 식물인건 일단 매력이 넘치고 볼 일이야. 매력에도 다양한 종류가 있다고 봐. 그중에서 사람 눈만 현란하게 하는 인스턴트식품 같은 외모의 매력보다, 마음에서 우러나온 고운 인품이 진정한 매력이라고 힘주어 본다. 비록 입은 비뚤어져도 사람 마음을 즐겁게 해주는 유머가 있다할지, 몸매가 드럼통 같아도 배려 속에 남의 비밀을 지켜주고 말을 전하지 않은 속 깊은 신뢰감이 있다할지, 마음이 부드러워 온화하고 친절하여 상대를 편안하게 해준다할지, 키가 단신이어도 순수하고 늘 맑고 밝은 미소를 지닌 사람이라 할지. 혹은 '칫~ 네가 못생겼으니까 이렇게 말하지' 하면서 빈정대는 심성이 아니라 할지…….

겉과 속이 합쳐진 매력이라면 금상첨화이겠지만 어디 그리 완벽한 게 쉽던가. 그러나 넌, 그렇다고 봐. 꽃이 지천에 흔한 봄, 여름, 가을이 아닌 꽃이 귀한 겨울꽃으로 출발점부터가 다르잖아.

너의 빈자리가 휑한 바람이 분다. 만개한 사랑초, 스파티필룸, 제라늄 등이 가득 채우고 있지만 너처럼 오롯한 정이 가지 않는다. 지금은 주변에 꽃들이 흔하기에 내 마음도 외롭지 않아 꽃들에 대한 애정이 깊지가 않은 거지. 흐드러지게 핀 장미도 눈에 스치며 그저 예쁘다는 것뿐이야. 외로울 때 친구가 진정 친구이듯 꽃이 귀할 때 내 곁을 밝혀 준 네가 그리울 뿐이다.

내가 제일 잘나가 식으로 아우성치는 여름꽃 가을꽃이 지고 회색빛이 너울 쓰는 갈바람이 쓸쓸히 불어올 때 우리 다시 만나 서로의 매력에 한바탕 푹 빠지자구나. 안녕, 시클라멘.

*시클라멘 : 원산지가 지중해 연안인 식물. 앵초과의 여러해살이 가을부터 겨울까지 장기간 빨간색, 분홍색, 하얀색 등으로 꽃을 피운다.

2부

달빛, 꽃물에 들다
돌발 상황 속, 운주사
우포늪 속 마름열매
길을 가다
인게를 벗다
지구본을 굴리다
오매불망 황진이
은하수 둔치에서
음악에 취하다
체중계에 마음을 싣고

달빛, 꽃물에 들다

쭉쭉 뻗은 도로 위를 질주하는 자동차들은 먹이를 찾아 달리는 짐승 같다. 논두렁 밭두렁 골목길에서 볼 수 있는 한적한 곡선의 흐름은 찾아볼 수가 없다. 달빛처럼 은은하고 부드러운 교통망은 속도를 다투는 도시에 걸림돌일 뿐이다. 새털구름, 조각구름 그리고 뭉게구름처럼 모양새가 각기 다르게 흘러가는 구름이나 높낮이가 물결 같은 능선, 선의 방향에 구애받지 않고 들쑥날쑥 뻗어가는 나뭇가지, 크고 작은 돌멩이들의 자연스런 곡선은 메마른 가슴을 촉촉하게 적셔주는 쉼터이기도 하다. 그러나 도회지의 땡볕 같은 속도의 흐름 속에 말랑말랑한 정서를 생각한다는 것은 아쉬운 일이다.

사람도 처음 달빛이었다가 자랄수록 뙤약볕 같은 성격으

로 변질되는 인성의 변화를 볼 수 있다. 천진난만한 신생아의 순수와 부드러움은 자연의 아름다움과 조금도 다르지 않다. 그러나 세상에 차차 눈을 뜨면서 온갖 말과 행동으로 유혹하는 달콤한 눈짓에 흡수되어 미처 자신도 깨닫지 못하는 사이 뜨거운 날을 세우는 인간형으로 변한다. 남보다 더 빨라야하고 남보다 더 많이 차지해야 직성이 풀리는 이기심으로 앞서기를 다툰다. 그것은 두려움도 없이 도심을 마구 치고 달리는 자동차의 물결을 연상케 한다.

하지만 머리에 흰머리가 하나 둘 늘어나고 주름이 새끼를 치면서 직선 같은 성격에도 크고 작은 변화를 갖게 된다. 강직함보다는 유연함을, 직선보다는 곡선 쪽으로 몸과 마음의 변화가 찾아온다. 미래지향형이기보다 과거의 향수에 젖어 때로는 흘러간 유행가에 귀를 기울인다.

빛깔이 화려한 가구들보다 아늑한 빛이 스민 탁자가 마음속에 깃든다. 질서정연한 백화점보다 사람냄새가 물씬거리는 오일장터가 좋다. 봉숭아 나팔꽃 채송화 맨드라미가 피어 있는 소박한 한옥을 그리워한다. 으리으리한 저택도 부럽지 않다. 진수성찬도 심드렁하다. 텃밭에서 막 따온 풋고추에 생된장을 찍어 술렁술렁 먹었던 어머니 표 밥상이 정신을 풍요롭게 한다.

봉숭아꽃이 피는 여름철에는 더욱 간절함에 꽃물을 들이고 싶다. 꽃물 속에는 모태의 그리움이 배어있다. 어머니가 보인다. 화려한 매니큐어로 쓱쓱 칠한 손톱이 바쁜 현실이라면 꽃물이 든 손톱에는 때 묻지 않았던 유년의 순수가 살아 있다. 그 속에는 긴장감, 경쟁의식, 미움, 시기 질투가 아닌 맑고 잔잔한 샘물이 보인다. 샘물 속의 달을 보던 날이 먼 메아리처럼 울린다.

몇 해 전부터 짙어진 그리움에 여름마다 손톱에 꽃물을 들이었다. 근데 아파트 주변에는 봉숭아꽃이 흔하지 않다. 어쩌다 작달막한 꽃나무가 몇 그루씩 보이기는 하지만 사람들이 함께 즐겨야할 꽃잎을 혼자 탐낼 수 없어 그냥 지나친다.

그러던 중 지인의 안내로 교외에 있는 J 교수님의 밭 구경을 간 적이 있다. 밭의 초입에는 온통 희고 붉고 분홍색을 띤 봉숭아꽃 무리가 무희처럼 나란히 서있었다. 장미도 아니고 칸나도 아닌 어머니 같은 봉숭아꽃, 봉숭아꽃이었다. 꽃을 심은 그분의 가족들이 만개한 꽃잎처럼 환하게 웃고 서서 반겨주는 것 같아 가슴이 벅찼다. 봉숭아물을 들여주시던 어머니를 만난 듯 온몸이 환해지는 행복바이러스를 선물 받는 느낌으로 꽃잎을 땄다. 집에 와서 봉숭아 봉지를 풀어놓으니 거실이 환해진다.

별빛이 총총하던 여름밤, 달빛 가득 찬 툇마루나, 평상에 앉아 베짱이, 쓰르라미 소리에 귀 기울이며 옥수수, 감자를 먹으면서 오순도순 꽃물들이던 식구들이 떠올라 꽃잎과 속삭인다. 봉숭아꽃물이 든 중지 약지 새끼손가락에는 어느새 추억의 달이 뜬다. 허허로움을 느낄 때, 이웃끼리 소원할 때, 사라져간 고향이 그리울 때, 보름달처럼 안온하게 감싸주는 아릿한 곡선을 꽃물이 든 손톱에서 느낀다.

겨울이 녹아들고 새싹이 돋을즈음 베란다에 봉숭아꽃을 심어야겠다. 햇빛이 아닌 달빛으로 물드는 곡선의 향기가 집안을 은은하게 채울 것이다.

달빛이 봉숭아꽃물이 되어 손톱에 스민다.

돌발 상황 속, 운주사

두어 달 전부터 2박 3일 일정으로 계획했던 울릉도를 우여곡절 끝에 출발했습니다. 분명히 울릉도 간다고 출발했건만 울릉도에 가 있을 시간에 우리 일행들은 전남 화순 운주사에 모여 있었지요. 아닌 밤중에 홍두깨로 얻어맞은 격이었습니다. 여객선 터미널 도착을 눈앞에 두고 갑자기 파랑주의보가 발표되어 배가 출항할 수 없다는 돌발 상황이 생겼던 것입니다. 지도신부님을 비롯하여 각자 사정을 뒤로하고 떠난 기행이었거늘, 다시 집으로 돌아가기는 황당하여 기행코스를 전라도로 변경했던 것입니다.

꿩 대신 닭이라고 했던가요. 꿩을 놓치고 닭을 잡았던 운주사는 놓친 꿩의 아쉬움을 한 방에 날려버리게 하더군요. 천불산 운주사의 빨간 단풍나무와 노랗게 물든 은행나무가

성대하게 맞아주었습니다. 각자의 개성을 찾아 가을 옷으로 갈아입은 나무들의 가을 잔치가 한층 무르익었더군요. 형형색색 아기자기한 분위기 속에 제일 먼저 눈에 띈 동석자가 보였습니다. 갈색 나뭇잎 사이로 갈색 사마귀가 천연덕스럽게 앉아 있더군요. 그 옆에서 다람쥐는 우리가 뜬금없는 손님이라도 되는 듯 멀뚱멀뚱 쳐다보고 있었습니다. 어릴 적 집에 손님이 오시면 어머니 뒤에서 손님을 생뚱하게 쳐다보고 있었던 내 모습을 보는 듯하여 빙그레 웃음이 번지더군요.

운주사는 입구부터 표정도 자세도 제각각인 수많은 석불이 우리를 맞이하는 듯했습니다. 위엄이 있고 격이 있는 불상이 아닌 야지에 아무렇게나 놓여있어 인상적이었지요. 마치, 농부가 들녘에서 일하다가 풀밭에 푹 퍼져 주저앉아 있는 모습처럼 보였습니다. 일주문에는 사천왕도 없고 높은 담장도 없더군요. 간소하여 신선했습니다. 웅장하고 위압적인 큰 사찰과는 대조적인 소박함이 좋았습니다. 허술하거나 음산한 분위기도 아니었지요. 욕심이 없어 분쟁이 없는 듯 유유자적한 평화로움이 운주사를 둘러싸고 있었습니다. 사찰이라면 흔히 고적한 분위기 속에 혼자서 고요히 사색하기 좋은 곳으로 떠오르는데 그렇지 않았습니다. 속마음을 읽을 수 있는 친구와 손을 꼭 잡고 걸으면서 제멋대로 생긴 석불들과 제멋대로 수다를 떨고 싶은 곳이었지요.

널려있는 석불 석탑이 짓궂은 친구인 양 툭 건드려보고도 싶고 또 고통을 달관한 듯한 모습도 볼 수 있어 마음이 아리기도 했습니다.

석불에 더욱 애정이 가는 것은 있는 그대로 불평불만 없이 순리대로 살아가는 형상이었습니다. 코가 납작하여 못생긴 조카를 닮았기도 하고 장터 국밥집 주인을 닮아 있는 모습도 있었습니다. 평면적인 얼굴은 지워지고 부서지고 몸통은 불균형한 모습에서 불상이라기보다 민간의 토속적인 벅수에 가깝게 느껴졌지요. 더러는 제 몸을 이기지 못해 바위벽에 기대고 더러는 얼굴을 잊어버린 채 빈 몸으로 누워 있는 모습도 있었습니다. 그런 석불들을 보면서 자신을 돌아보게 되더군요. 빈부, 귀천, 갑을, 앞뒤의 갈등 속에 비우지 못하고 일희일비一喜一悲 했던 지난 시간이 수치심으로 달아오르더군요.

운주사는 설화에 나온 것처럼 천 개의 불상과 천 개의 탑이 있었던 사찰이었는데 지금은 석탑 21기와 석불 100여 기만 남아 있다고 합니다. 도선 국사는 한반도를 '떠나가는 배'의 형국으로 여겨 산세가 크게 형성된 동쪽으로 '배'가 기울었다고 여기고 균형을 맞추기 위해 천불 천 탑을 하룻밤 사이에 조성했다고 전해지고 있습니다. 그 많은 불상과 탑들은 어디로 갔을까요. 긴 세월 동안 비바람에 견디고 남아 있는 석탑들이 대견스러웠습니다. 모질고 질긴 우리네 인생살이를 닮은 듯하여 애처로워짐에 얼굴이 지워진 석불을 쓰다듬어 보았지요. 애환이 녹아 돌이 되어버린 듯했습니다.

기울어진 가을 햇살이 단풍나무들 사이로 내리비치었습니다. 세상사 시름이 스르르 녹아들더군요. 대웅전 바로 밑에 있는 약수터에서 약수 한 사발을 떠서 마셨지요. 석간수였습니다. 깊은 바위 틈새를 뚫고 나오는 저 청정한 물의 인내, 달고 맛있었습니다. 얼룩진 오장육부를 씻어낸 듯 상쾌하더군요. 산꼭대기 불사 바위에 오르면 운주사 일원이 한눈에 굽어 보였습니다. 절 오른쪽 산비탈을 오르자 와불이 보이더군요. 길이 12m, 너비 10m의 불상이 하늘을 보고 누워 있는데, 둘이었습니다. 하나는 앉아 있는 모양새로 조금 더 크고, 다른 하나는 서 있는데 그보다 작았습니다. '부부와불'이라 했습니다. 도선이 천불 천 탑을 만들고 마지막으로 이 와불을 일으키려다 새벽닭이 울어 공사를 중단했다는 말이 전해오고 있지요. 이 불상을 일으켜 세우면 새로운 세상이 온다는 믿음이 있다고 합니다. 세상이 어지러울 때 이 와불 이라도 벌떡 일어나길 바라는 서민들의 심정을 알기나 할까요. 그저 편안한 자세로 누워 눈을 감고 손을 모으고 있었습니다. 누워 있는 것이 한없이 편안해 보였습니다. 무소유의 경지에 도달한 모습이 곧 와불 이었습니다.

와불 발치에는 원형으로 깎은 일곱 개의 바위가 놓여있었지요. 칠성바위라 불리는 이 바위는 북두칠성을 본떠 만든 것이라고 함께 간 S 동화작가께서 설명을 해주더군요. 산새들도 안내하는 가 봅니다. 여기저기 산기슭에서 새소리가 청량하게 들렸습니다. 새소리에 귀를 돌리면 누워있는 와불이 배시시 웃고 있을 것만 같았습니다. '나 일으켜 세울 생각일랑 말고 당신들 마음 다스림이나 잘하시게. 마음은 모든 여래를 만든다네.' 라는 말씀이 들리는 듯했습니다.

하느님께서도 고개를 끄덕이며 웃고 계시리라 믿고, 운주사 쪽을 바라보며 마음을 열어젖힙니다.

우포늪 속 마름열매

우포늪은 지칠 줄 모르는 푸른 삶을 연출한다. 속력을 내어 줄달음치는 자동차처럼 긴장감이 없다. 웅장하고 화려한 건축물처럼 위용을 과시하며 압도하는 모양새도 아니다. 물질적 위화감을 조성하지도 않는다. 일부러 가꾸려는 손때가 묻지 않은 생긴 그대로여서 어머니의 모태처럼 그저 편안해 보인다. 가시연이 군락을 이루고 있는 습지 너머에서는 치마저고리를 입은 할머니가 머리에 장바구니를 이고 둑길을 걸어오는 듯한 아련함이 있다. 하잘것없다고 업신여김을 받고 건설이란 명분으로 사라져 가는 물풀 등은, 가죽 껍질이 붙은 것처럼 뒤덮여 자연의 또 다른 생명의 소중함을 보여준다. 경쟁 없이 어우렁더우렁 함께 살아가는 모습이다.

그곳에서 가지고 온 마름열매가 쳐다볼수록 괴상하게 생겼다. 까맣고 매우 딱딱하며 울퉁불퉁 뿔 두 개가 양쪽으로 달렸다. 동화 속에 나오는 도깨비 같기도 하고, 박쥐가 날개를 펴고 날아가는 모습과도 흡사하다. 1년생 초이며 물 위에 떠서 자란 열매다. 이걸 먹는다니까 더욱 신기하다. 단단한 이 열매를 호두처럼 내 손안에 놓고 만지작거리며 1억4천만 년 전에 형성되었다는 우포늪에 잠긴다. 우포늪으로 문학기행 갔을 때 언니처럼 친숙한 그녀는 '말렸다가 손에 넣고 만지작거리면 지압 효과가 있다'며. 3.5cm 정도 된 마름열매 두 개를 내 손에 쥐여 주었다. 요리조리 봐도 묘하게 생긴 그걸 책상 위에 올려놓았다. 수시로 시선이 끌린다. 먹는 열매치고 세상에 이런 모양이 또 있을까 싶은 호기심이 발동한 거다. 과학의 발달로 요즘엔 과일이고 식품이고 간에 정형화되고 세련되었거늘, 마름열매는 태생적 변화가 없는 자연 그대로다. 혐오스럽게 생겼는데 호감이 간다. 아무리 봐도 질리지 않는다. 개발이라는 점령군이 침범하지 못한 곳에서 자란 자연의 힘이리라. 겉모습은 투박하지만 까칠하지 않고 단순하며 수수한 멋을 지닌 사람을 닮았다. '국제 람사르협약'에 등록된 국내 최대의 자연 늪에서 가지고 왔다는 점에서도 더 정감이 간다.

만지작거리면서 부딪히는 소리를 듣고 있으면 마름열매는 태곳적 신비로운 우포늪의 분위기를 잦아낸다. 그 당시 지구의 주인이었던 공룡의 발걸음소리를 상상하게 했다가, 유년으로 되돌려 놓기도 한다. 물자라, 장구애비, 소금쟁이, 물방개 등이 빨리빨리 가 아닌 사부작거린 소리가 들린 듯하다. 개구리밥, 생이가래, 마름, 자라풀, 애기부들, 매자기 등 수생식물의 터전은 철새들의 보금자리가 되어 더불어 살아가는 정경을 떠올리게도 한다. 아기자기한 물풀들의 소곤거림과 다양한 철새들의 소리는 물질 위주의 사회 속에 거칠게 메말라가는 정서를 촉촉이 적신다. 어릴 적, 도랑에서 잡았던 미꾸라지며 가물치 등 양식이 아닌 자연산으로 살아 있었던 곳의 생동감이 솟구친다. 저녁 무렵, 연기가 모락모락 피어오르는 울타리 담장 아래로 소를 몰고 집으로 돌아가는 코흘리개 동무들의 모습에도 잠긴다. 깜박거리는 기억력은 돌아서면 잊어버리고 잃어버린 생각과 행동이 황당하기도 하거늘, 마름열매가 농경문화의 일상을 슬슬 들춰내며 단비 역할을 한다.

늪에 밑동을 반쯤 담그고 있는 나무며 녹색 식물들이 가을날의 추수를 앞둔 너른 들녘처럼 한가롭고 풍요롭다. 우리나라에서 가장 큰 자연내륙 습지로 2.313㎢ 푸른 녹지는 마음의 경계선을 무너뜨린다. 마음을 푸근하게 해주는 색이 녹색이란 말이 와 닿는다. 그런데 인간의 지식이 늘고 과학이 발달하면서 눈앞의 욕망에 눈멀어 회색으로 바뀌기 시작하면서 정서적 불안이 잠겨 있을 터이다. 회색빛 철벽에 갇힌 황금만능주의 현실은 만족을 모르고 더 많은 부와 명예를 찾아 질주하도록 만든다. 천천히 가야 한다고 스스로 타이르기도 하지만 그 유혹에서 벗어나지 못하고 늘 헤맨다. 몸과 마음이 따로 논다. 이미 몸도 회색에 물들어 있는 것이다.

손안에서 열심히 주술을 부리고 있는 마름열매는, 세상 욕심을 붙잡기에 혈안이 된 내 손안에 있는 게 속이 상한 걸까. 이제는 우포늪의 신비로움을 들려주는 게 아니고 이를 뽀드득뽀드득 가는 것처럼 소리를 낸다. 인간들은 자기중심적으로 판단하고 욕심쟁이며 남을 업신여긴 게 못마땅하다는 투다. 그러면서 참 별나게 생겼다고 웃어대던 내게 지압 효과를 확실하게 보여준다. 툭 불거진 양쪽 뿔로 쿡쿡 찔러대는 손안이 시원하다. 당찬 맛이다. 겉만 보고 판단하지 말라는 경고인양 거칠던 겉면이 기름이라도 발라놓은 듯 반질거린다. 탄력을 잃은 내 피부보다도 매끄럽다. 마름열매로부터 삶의 길에 가르침을 받는 느낌이다. 잘난 척, 똑똑한척했던 마음속 부정이 부끄러웠는지 빠져나갈 틈새를 찾고 있다.

우포늪은 허둥대며 지친 일상을 녹여주는 녹색 삶의 안내자이기도 하다.

길을 가다

눈이 올 것 같은 날씨인데 눈은 오지 않는다. 잔뜩 찌푸린 하늘은 겨울 추위를 한결 더 두텁게 내려놓는다. 비를 퍼붓든 눈을 퍼붓든 선명하면 마음도 덩달아 투명할 것 같은데 하늘은 참 어정쩡하다.

이런 때는 장작불을 뜨끈하게 지핀 구들방에 들어앉아 고향 생각이라도 하는 것이 훨씬 좋겠다. 고향의 아랫목이 그리운 계절이 겨울이다. 보일러를 아무리 가동을 해도 느껴지지 않은 추억의 온기, 세상이 도시화 되면서 시골 풍정은 하나둘 사라지고 있다. 아파트에서의 입식 문화는 편의성과 세련된 양식을 제공했을지 모르지만, 사람과 사람 사이의 인간적 정분을 잃게 만들었다고 해도 과언이 아니다.

그저께도 예사 추위는 아니었다. 무슨 볼일을 찾아가는

라고 몸을 웅크리며 두꺼운 목도리로 목을 감고 빠른 걸음으로 가고 있었다. 그때, 어디서 바람이 불어오더니 치맛자락을 물고 놓지 않는다. 바람도 내가 가는 방향으로 가는 길이었지 싶다. 치맛자락에 달라붙은 바람을 떼어놓을 생각도 없이 그냥 걸었다. 그랬더니 바람은 더는 따라가지 않겠다는 듯 슬그머니 어디론지 사라져 버렸다.

그 길가에는 나뭇잎이 지각생처럼 굴러다니기도 했다. 마른 이파리가 우수수 한창 떨어질 때는 낙엽이 수북이 쌓인 곳을 일부러 밟으면서, 바스락거리며 망가지는 소리를 노래삼아 짓궂은 동심의 세계로 돌아가곤 한다. 깔깔 웃어대는 친구가 저만치서 이름을 불러대며 뛰어오고 있는 것 같아 내 얼굴이 활짝 핀 꽃이 된다.

청소부 아저씨들이 쓸고 쓸어도 길바닥은 연방 낙엽에 묻히고 마는 일, '잎인들 꽃이 아니랴 쓸어 무삼하리요'라는 옛시조를 입에 올리면서 하늘을 본다. 하늘에도 낙엽 같은 구름이 뭉실뭉실 깔렸다. 낙엽은 땅에만 떨어지는 것이 아니라 하늘로 날아가서 구름이 되는 걸까 낙엽구름이다. 그것은 때로 비가 되어 오기도 하고 때로는 눈발이 되어 흩날리기도 할 것이다.

연말연시, 눈이라도 오면 좋겠다며 주변을 쳐다보면서 혼자 걷는데 교회마다 장식해 놓은 크리스마스트리가 시선을 붙잡는다. 그 속에서 지나간 시간이 불을 지핀다. 자동차가 화살처럼 사라지고 사람들이 어깨를 스치며 휙휙 빠져나가지만 트리는 추억의 문을 열고 길을 동행한다. 비록 캐럴은 옛날처럼 여기저기서 들려오지 않아도 마음으로 느낀다. 걸으면서 생각이 자유롭게 열리기 때문이다.

고향에서 보았던 가난한 시골교회의 성탄절이었다. 함박눈이 쏟아지는 성탄전야, 높은 종탑에서 땡그랑 땡그랑 울려 퍼지는 종소리가 은은했다. 따습고 정겨웠다. 크리스마스 선물이라고 나눠준 게 눈깔사탕 몇 개와 연필 한 자루였지만 그 속에는 구두쇠 스크루지 영감도 녹이는 달콤한 사랑이 넘친 교회였다.

천천히 느리게 거닐수록 보이지 않는 것이 보인다. 자동차로 움직이다 보면 그 속력만큼 생각도 빠르게 스치고 건망증도 비례하지만 걷기는 다르다. 한 발짝 한 발짝 걸으면서 생각이 살아난다. 걷는다는 것은 신이 인간에게 준 선물이지 싶다.

문명의 속도가 빨라지면서 사람이 가지고 있는 오감의 기능이 상실되고 있다며 전문가들은 걷기를 권유하지 않던가. 어디 이뿐일까. 무심히 지나쳤던 것도 걸으면서 깨닫기도 한다. 길가에 어떤 꽃이 피어있었는지 꽃들에 훈훈한 눈길도 주고 내 발길에 차인 작은 돌멩이가 지금까지 얼마나 많은 세월의 무게를 담고 있는지 생각도 해본다. 하잘것없다고 여긴 사물과 하나가 되어 저절로 소통하는 시간이 되고 나를 돌아보는 여유이기도 하다.

해가 설핏하다. 아파트 주변이라도 길을 걸으면서 자신의 몸을 나목처럼 비우고, 서 있는 겨울나무들의 속삭임에 귀 기울여 보아야겠다.

안개를 벗다

안개가 자욱하다. 그 속으로 걸어가는 사람들은 움직이는 한 폭의 그림이다. 가까이 있던 집들도 가려진 안개 속에서 실루엣을 연출한다. 안개가 그런 술수를 부린다. 꿈처럼 신비스럽기조차 하다. 활동사진을 보는듯한 재미도 있다.

이제와는 전혀 다른 집주변의 분위기다. 창밖을 유심히 보고 있노라니 곱고 아름다운 사람이 사는 마을이 떠오른다. 가위로 싹둑 잘라내면 가장 멋진 사람들이 어울려 사는 전원도시 같은 것이 손에 잡히겠다. 그런가 하면 쑤군거리기를 좋아하는 음지식물 같은 마을도 곰팡이처럼 자랄 것이라며 공연히 비위를 긁어본다.

그렇게 안개를 보고 있는데 사람들이 쑤군거리는 소리가 어디에선가 희미하게 들린다. 그것은 물론 환청이다. 그 소리는 우윳빛 같은 안개 속에서만 들을 수 있는 소리의 미약한 울림이다. 실제로는 들리지 않는 환청에 귀가 솔깃해진다. 안개는 새로운 소리를 들어보라고 타이른듯하다. 커다란 엷은 가리개로 살짝 씌워놓은 눈앞 세상을 자상하게 뜯어보기를 바라는 걸까. 그렇지 않아도 그 속은 여전히 궁금하거나 답답한데 안개는 부러 내숭을 떤다는 생각도 든다. 하지만 먼 뱃고동 소리 같은 다소 가라앉은 정서는 나에게 세상을 보고 듣는 가르침과 암시를 준다.

완전 노출보다는 살짝 가리는 것이 오히려 호기심을 유발하는 수법이다. 호기심에서 해방되고자 사람들은 그 속내를 일목요연하게 까발리기를 원하는데 안개는 오히려 나 잡아보란 듯 유들유들하다. 살짝 가린 자태가 더 유혹적인데 왜 벗는단 말인가. 고집을 꺾을 생각을 하지 않는다.

속내가 이러니저러니 하는 말은 추상적이거나 그냥 떠벌려 보는 빈 입씨름에 지나지 않는다. 실제 안개 속으로 들어가면 보이지 않던 것이 새삼스러운 듯 고개를 내민다. 모난 것이었는데 그 예리한 각이 깎이고 후한 포용정신처럼 나에게 손을 내미는 것이 나타나서 보는 눈을 놀라게 한다. 그러나 잘 보이던 것이 그 속을 단단히 감추고 드러내지 않으려 고집을 피우는 것 또한 있다.

나는 어쩌면 불확실한 세상을 보고 있다. 그 세상은 이것 아니면 저것이란 것도 아니다. 희망도 절망도 아닌 정체불

명인 판단유보를 한 모양새다. 그런데 그런 세상도 조금 더 관심을 갖고 가까이 다가가 보면 새싹이 돋아나는 것이 보이기도 한다. 어쩌다 썩어 무너지는 것이 있지만 그 속에는 또 다른 새 눈이 드러나 사물을 대하는 재미를 갖게 한다.

어릴 적이었다.

때가 지난 시간에도 아직 돌아오지 않는 가족을 어머니는 밥상 둘레에서 기다리고 계셨다. 나는 배가 고팠지만, 어머니가 덮어두신 정갈한 상보에 함부로 손을 대지 못하게 했다. 상보 속의 따뜻한 밥은 아버지를 기다렸고 밖에 나간 식구들이 어서 돌아오길 기다렸다. 그런 기다림에 길들면서 나는 안개를 털고 나오는 나무처럼 자랐다. 그러면서 때로는 내 마음 안에 가라앉는 안개를 본다. 하고자 하는 일이 잘 풀리지 않을 때, 세상의 낯선 어둠을 끌어안고 안개 속 항해나 다름없는 길을 간다. 잘 풀리지 않는 일에 다시 매달리기도 한다. 불투명하고 내숭쟁이 같은 안개를 좋아하지 않는 것은 물론이다. 베일에 가려진 내숭은 은근한 호기심을 발동하게 하는 매력을 지녔을지 몰라도 엉큼하고 답답하다. 주위의 분위기를 망치는 일이 아니라면 자기중심적이라도 탁 트인 진솔한 감정 노출이 차라리 마음에 든다.

속을 쉽게 드러내 보이지 않는 사람의 마음은 안개가 잘 자랄 수 있는 온실이 될 수도 있을 터, 외향적이며 직선적이고 화끈한 성격을 갖는 사람과는 그 온도가 다르다. 나 또한 때로 내 안에 안개를 끼고 살지 않았던가. 눈과 마음에 다른 사람이 미처 눈치를 채지 못하는 안개를 덮어쓰고 진실을 구별하지 못하는 어리석음을 품고 있음을 본다. 내 마음 안의 미지근한 온실을 걷어내고 한 폭 아름다운 그림이 되고 싶다.

밖을 좀 더 자세히 볼 생각으로 창문을 열었다. 도둑고양이처럼 안개가 사라진다. 내 마음의 안개도 후다닥 줄행랑을 친다.

지구본을 굴리다

나무를 보고 있었다. 두 아름은 될 성싶은 소나무다. 그 육중한 나무가 내 동공에 들어와도 눈은 아무런 불편을 느끼지 않는다. 그것은 오히려 자연스럽다. 동공에 들어온 나무를 다정한 친구처럼 쓰다듬어본다. 나무가 서 있는 산을 쓰다듬고 산이 떠받든 구름을 쓰다듬고 구름이 떠받든 하늘을 쓰다듬으며 마음을 주는 사이, 무슨 요술이라도 걸린 듯 나는 없고 나무만 있다. 나무를 받들고 산을 받들고 구름을 받들고 하늘을 받든다.

받든다는 것은 그 대상을 내 안으로 끌어들이는 일이다. 그리고 눈과 마음으로 대상을 아끼고 사랑스럽게 어루만진다. 생각을 달리하면 대상이 제 몸 속으로 나를 끌어들인다. 끌려들어간 나는 나무면 나무, 산이면 산이 된다. 그렇게 보면 대상이 나를 쓰다듬고 어루만지는 일이 된다. 그것이 마음에 들어 수시로 소나무 곁으로 가서 나무 아래 선다. 그렇다고 나무만 보는 한가한 세상은 아니다. 나라를 바로 다스려주기를 염원하는 소리가 때로는 거리를 메운다. 지조 없이 오락가락하는 기회주의자가 설치면서 함부로 뜯어 고칠 수 없는 법을, 어제는 저렇게 오늘은 이렇게 발기발기 뜯어 입맛에 맞는 법으로 도배질하고자 한다.

불사이군不事二君을 선비정신으로 여겼던 충절은 '이 몸이 죽고 죽어 일백 번 고쳐 죽어'하는 매운 가락을 남겼다. 선죽교의 피가 채 마르기도 전에 상군에 아첨하는 무리가 벼슬길에 오른다. 오늘이라고 그 행색은 그다지 다를 바 없어 보인다.

한나절 거닐던 산길에서 쉬엄쉬엄 내려왔다. 산길의 온갖 잡풀이 내 발목을 휘감는다. 한때 무슨 일로 잡풀처럼 매달려 마음이 어수선했던 적이 있다. 절박했던 그때 나는 칡넝쿨이었고 억새풀이었다. 크고 작은 돌덩이는 발걸음을 머뭇거리게 하는 조심스런 너덜겅이었다. 세상에 눈을 돌릴 마음의 여유 같은 건 당연히 없었다. 백이숙제가 되지 못한 나는 쌀을 먹고 고기를 먹고자 허우적거렸다. 그런 처지에 세상 사람이 이렇고 저렇고 말할 얼굴은 없다. 세상을 사는 길이 결코 순탄하지 않음을 잡풀더미가 따라오면서 말을 걸었다. 발길에 걸리는 크고 작은 돌덩이도 굴러 떨어지기 안

성맞춤이던 지난날을 돌아보라고 타이르는 것 같다.

마을이 가까워지자 시선이 큰길 쪽으로 간다. 조금 전에는 나무를 쓰다듬던 눈길이다. 달리는 차량들은 무슨 일이 그리 많고 바쁜지 출렁이며 콸콸 넘치는 물처럼 서로 앞을 다툰다. 순간 길은 차량으로 꽉 차더니 금세 또 텅 빈다.

집으로 들어온 나는 눈길이 책장 위에 놓여 있는 지구의에 쏠린다. 지구를 압축시켜 놓았다. 산에서 산을 보고 나무를 볼 적에도 그랬지만 지구는 이윽고 사람의 동공 속에 파일이 되어 들어앉는다. 동공을 움직이듯 지구의를 이리저리 돌려보았다. 그랬더니 지구 어디에서는 폭염이 물어뜯고 홍수의 소용돌이에 떠밀려가는 지역도 눈에 잡힌다. 그런 지구의 한 귀퉁이를 붙들고 공포에 질린다. 그런 나를 약 올리듯 여기는 고대유물이 많은 곳 또 저기는 지하자원이 부럽도록 풍부한 지역이라는 등 아직 가보지 못한 세계의 이모저모를 지구의가 돌아가면서 자랑을 늘어놓는다. 지구의는 사방팔방 알 수 없는 막막한 사막지대 한 가운데에 달랑 나를 떨어트리고 어디로 훌쩍 사라지는 것 같다.

푸른 산, 높은 하늘, 왁자지껄한 세상……. 모두가 지구의 속 하나이듯이 서로 포용하면서 둥글둥글 살아가야 한다며 지구의를 물끄러미 쳐다본다.

오매불망 황진이

그녀는 울고 싶었다. 친정에 들어서면 "오냐" 하면서 반갑게 맞아준 부모님의 빈자리에 냉기만 가득 찼다. 이리저리 둘러봐도 훈기가 사라진 채 횅한 바람만 소용돌이친다. 나는 황진이만도 못하다는 생각에 뜨거운 액체가 눈가에 맴돈다.

부모님이 기르시던 진돗개 잡종인 황진이가 주인 없는 집을 오매불망 지키고 있다. 언제 보아도 반갑다고 꼬리를 정신없이 치면서 반겨주던 황진이였다. 용맹했던 기세는 사라지고 시무룩하다. 기척을 해보아도 아무 반응이 없다. 변덕을 부리는 황진이도 아니건만 어루만지고 쓰다듬으면서 애절하게 "황진아, 황진아" 부르고 또 불러도 꼬리를 치기는커녕 눈길 한 번 주지 않는다. 오로지 대문 쪽만 쳐다보고 있다. 가끔 고개를 땅바닥에 푹 처박고 다시 대문 쪽만 응시할 뿐이다. 철없는 아이가 엄마가 안 보인다며 밥도 먹지 않고 기다리면서 시위하고 있는 모습 같아 애처롭다.

어머니가 보이지 않은 텅 빈 마당. 뒤뜰, 장독대, 부엌, 안방, 건넛방 등 집안 구석구석을 살펴본다. 부모님의 훈기가 허공에서 감돌다 사라진다. 담장 아래 피어있는 한 떨기 국화와 뒤뜰에는 성질 급한 동백꽃이 만개하여 눈에 쌓인 채 어머니의 그리움을 부추긴다.

91세이신 어머니가 노화로 몸이 편찬하여 살림할 수 없게 되자, 자녀들은 건강이 좋지 않은 아버지까지 함께 현대판 고려장 같은 노인전문요양병원에 모셔두고 가슴앓이를 하고 있다. 자녀가 없는 것도 아니고 자녀들이 다 어렵게 사는 것만도 아니다. 그런데 자녀들이 모시지를 못하고 노인전문병원에 모실 수밖에 없는 현실은 먹구름 속을 헤매고 있는 것 같다. 자식들 또한 자기 가정을 이루고 있고 나름대로 어려움이 있다는 핑계 앞에 슬픔과 무력감에 휩싸인다. 자식을 위해서라면 목숨도 내놓은 부모이지만 자식은 나부터서도 부모와 다르다. 내리사랑이란 합리화로 이기적이다. 부모는 당신 몸이 아파도 자식 몸이 우선이지만, 자식은 내 몸 아픈 것이 우선이다.

개인주의 시대인 지금, 더 말해서 무엇하랴. 물심양면으로 지극정성인 효심은 보기 드물다. 1970년대 까지만 해도 효심어린 꽃이 주변에 만발해 있었음은 기억한다. 우리 큰

댁에서도 조부모님께서 임종하실 때까지 병시중을 다 하면서 정성껏 모신 걸 보았다. 시대의 변천사라고 할까. 산업화에 따른 주거문화, 능력위주, 세대 간의 가치관 등 농경사회와 다르게 경쟁 속에 바삐 돌아가는 일상들이 효孝에도 변화가 올 수밖에 없을 터이다. 세대의 과도기에 서서 어쩔 수 없다며 이기심을 합리화하면서도 마음은 그저 먹먹하다.

부모님이 계신 요양병원이 한적한 시골에 있어 주변 경관은 좋지만 내부 환경은 공간에 비해 많은 노인이 모여 있어 우중충하다. 요양병원의 실태가 자유가 없는 틀 안에 갇히어 있는 것 같아 주위를 살피고 있는 내 눈동자가 희끄무레하다. 내 속을 어머니는 꿰뚫어보고 계신 걸까. 어머니가 하신 말씀에 다행히도 위안을 얻는다. "가만히 있어도 식사가 해결되고 목욕 다 시켜주고 아픈데 치료해주고 또래 노인들이 함께 있어 집보다 낫다." 하셨던 말씀이, 자식 마음 아플까 봐 하셨는지도 모른다. 하기야 자유가 있다 한들 체력이 달리고 몸이 아파 수시로 누워 계시는데 무슨 필요가 있겠는가. 자유도 건강할 때 자유가 필요한 것이다. 노구에 손수지어 드신 식사와 살림이 버거웠으리라.

한 방에 여섯 명 또는 일곱 명 병실이다. 어머니는 여섯 명이 함께 기거하신다. 한 방을 사용하시는 노인들이 이웃이고 친구가 된다. 하루 이틀 한 달 두 달 지내실 곳도 아니고 길게는 몇 년을 함께 24시간 지내야 하니 오히려 가족보다 더 친숙해질 수도 있을 것이다. 유독 곱고 세련되게 보이는 80대쯤 된 노인이 눈길을 끈다. 이곳 병원장 장모였다. 교직에 있다가 퇴직을 하고 늙어 허리가 병들었다고 한다. 그 방에서 제일 연장자이신 94세 할머니는 그림을 취미 삼아 그린다는 분답게 늙었어도 어딘지 모르게 자연친화적인 분위기가 풍긴다. 문 입구에 계신 수더분한 할머니는 그 방 알림판이다. 황진이 주인집 자녀들이 병상을 찾아가면 그날그날 일어났던 일을 낱낱이 말해준다. 치매 끼가 살짝 있는 할머니가 갓 입원한 어머니를 보고 “너는 어디서 새로 이사 와가지고 남의 집에 턱 버티고 누워 있느냐. 나가라”는 둥 반말로 욕을 하면서 소리를 지르며 수시로 괴롭혔다는, 알림판 할머니께 어머니 소식을 접한 순간, 자녀로서 세상을 헛산 기분이 들어 멍해지고 만다. 산다는 게 고苦라고 했던가. 요양병원의 현상을 보고 듣고 무기력한 불효에 가슴이 짜릿한 통증을 겪는다.

평소 말씀도 별로 없고 점잖으신 분이 얼마나 황당했을까. 그것도 몇 차례나. 아무 이유 없이 반말로 욕까지 들어가면서 얼마나 기가 찼을까. 몸이 아파서 힘들고 집이 아니어서 불편하실 것이며, 영감과 칠십 평생을 떨어져 살아본 적 없는 분이 아니신가. 이제 와 영감과 병실을 따로 하며 지내야 하는 게 허무하고, 자식들을 이해하면서도 왠지 서운하여 속울음을 삼키고 계실지도 모른 분이거늘. 얼토당

토 없이 괴롭힘까지 당하고 계셨다니, 얽힌 인연에 주체할 수 없는 뜨거운 액체가 가슴 속에서 솟구친다. 욕쟁이 할머니는 다른 방으로 옮겼다니 그나마 다행이라며 가슴을 쓸어내린다. 나만 편하겠다는 알량한 처사다. 그래 "무자식 상팔자" 란 말이 나왔는지도 모르겠다.

밥도 잘 먹지 않고 주인 오기만 기다리며 대문만 쳐다보고 있는 황진이만도 못한 불효임을 알기에 스스로 어둠의 그림자를 밟는다. 이 죄책감도 1년 2년 세월이 흐르면 이마저 사라져버릴지도 모른다. 황진이는 주인의 은혜에 조건 없는 충성심과 사랑으로 그 어떤 경우에도 주인을 배신하지 않고 악조건 속에서도 주인을 기다리고 있지만, 자식들은 다르다. 긴 병에 효자 없다고 하지 않던가. 오매불망 대문만 주시하고 있던 야윈 황진이가 차라리 자식보다 나을지 모르겠다.

황진이가 가시가 되어 온몸을 꾹꾹 찔러댄다. 황진이의 등을 가만 쓰다듬는다.

은하수 둔치에서

달은 중천에 떠 있다. 꽉 찬 보름달보다 채울 수 있는 절반의 빈자리가 남아 있는 반달을 좋아한다. 연노랑 속 반달의 빈자리는 절반의 그리움 속에 욕구를 갈망하는 열정처럼 보인다.

고향의 마당에서 본 달이나 아파트 베란다에서 본 달은 똑같은 달이건만 느낌은 사뭇 다르다. 따뜻한 숭늉맛과 그다지 음미할 것도 없는 냉수 맛의 차이라고 할까. 고향의 달은 낮은 담 사이로 흐르는 정과 함께 스며든 구수한 숭늉 맛인데 도회지의 달은 차갑고 계산적인 인심 속에 뜬 밍밍한 냉수 맛이다. 도시의 달을 맛보는 셈으로 생수 한잔을 들이킨다. 생수의 말끔함이건, 고소하고 따듯한 숭늉 맛이건 달은 마음속에 뜬 또 다른 달이 되어 뜬다.

여린 잎사귀처럼 새긴 그믐달은 새치름하다. 보름달은 포만감에 젖어 부잣집 맏며느리마냥 자리를 깔고 지인과 어울려 수다를 떨며 환하게 웃고 있는 듯하다. 그러나 반달은 절반을 채우려는 욕구를 향해 구름 사이로 오간다. 때로는 중간쯤 와있는 느긋함으로 앞뒤를 돌아보게도 된다. 맏이도 막내도 아니다. 위아래를 헤아릴 수 있는 가장 원만한 중간 자리가 반달이다. 중간 자리라고 영원히 그럴 수만은 없다. 때가 되면 차고, 차면 또 다른 자리를 찾아 나서야 한다. 돌고 도는 세상이라고 했다.

가고 오는 것이 일종의 진리이듯 영원이란 단어를 들추며 안정된 상태는 나태하거나 죽음이나 다름없는 일이겠다며 가위표를 친다. 그러나 영원이란 단어가 사람을 마음 놓게 하는 것처럼 영원을 믿고 영원을 따르려고 한다. 그것이 사람의 마음이다. 그런데 풀어놓은 여유를 비집고 뜻밖의 변화가 때로는 사람을 어리둥절하게 한다.

영원히 이렇고 저렇고 하는 말장난도 실은 영원하고자 하는 사람의 희망에 지나지 않는다. 나중에야 아, 그것은 영원이 아니었다고 뉘우치지만 시간은 이미 끊어지고 영원이란 말 또한 오간 데가 없다. 지나고 나면 아무것도 아닌 것을 그때마다 아등바등 법석을 떨었다. 욕심껏 마냥 붙들고 있으면 썩게 마련이다. 그러나 버린다는 것이 어디 말처럼 쉽기만 하던가.

긍정과 부정을 수없이 반복하다가 가만히 놓아버릴 때 무거운 짐을 떨쳐버린 것처럼 후련하다. 힘들었던 것 이상으로 닫힌 세상에서 열린 세상을 향하여 날갯짓을 하는 것처럼 가뿐한 산뜻함이 자리를 차지한다. 그 산뜻함이 여린 햇살처럼 희망으로 시작됨을 알 수 있다.

버리고 다시 시작할 때마다 낯선 세상과 조금씩 익숙해진다. 익숙한 곳에서만 깃들어 살면 편하기는 하지만 새로운 생은 새로운 것만큼 괴로움도 따른다. 그러나 버리고 다시 시작하지 않으면 거듭날 수 없다. 문을 열고 나가지 않으면 새로운 세상과 만나지 못한다.

새로운 세상인 줄 알면서 낡은 것을 왜 쉽게 버리지 못하는지. 세상에 태어날 때 손을 펴고 태어났더라면 모든 것을 쉽게 버릴 텐데 움켜쥐고 태어나서 그런지도 모르겠다. 꽉 쥐고 태어난 신생아의 손이 집착을 예고하는 것 같다. 버리기를 떠올리면 나목裸木만한 것이 있을까. 왕성한 이파리며 형형색색 고운 빛깔로 장식한 아름다운 자태를 미련 없이 버릴 줄 아는 지혜, 빈 가지처럼 욕심을 털어버리고 살았으면 좋겠다. 이기심이 득실거리는 현실 앞에 비어 있기에 절제된 아름다운 모습이 빛난다. 자기를 버릴 줄도 알고 인내할 줄도 알아 좋다. 텅 빈속에 충만의 기쁨을 안다.

자식에게 다 내어준 부모님의 마음과 무엇이 다르겠는가. 오직 다음 세대인 아들딸을 위해 사는 버림의 미학을 터득한 갸륵한 존재, 즉 또 하나의 겨울나무와 같다. 어머니의 딸인 나는 내 아들의 어머니가 되어 있다. 아들은 또 언젠가 내 아들의 아들딸을 위한 밑거름이 되어있을 것이다.

돌고 도는 세상의 이치이다. 사소한 감정에 대범해지자며 달님과 이웃하고 있는 밤하늘의 은하수가 속삭인다. 은하수 둔치에 앉아 있는 나를 생각하는 건 즐겁다. 가슴에 걸려 있는 가시가 시원하게 톡 빠지는 느낌이 든다.

음악에 취하다

감성이란 마음의 끈을 꽁꽁 묶어버린 탓일까. '로미오와 줄리엣' 같은 애절한 사랑이 눈앞에 펼쳐진다 해도 한때의 청춘 시절처럼 마음에 소용돌이가 일며 출렁거리지 않을 것 같다. 세월의 때가 여러 겹의 옷으로 감성을 에워싸고 소용돌이에 괄호를 치고 있는지 모른다. 센티멘털보다는 이제는 이성이 앞서 감성이란 여린 가지를 다독서리고 있나 보다. 이상 속에 감성이 죽치고 있었다면 이제는 현실 속에 이성이 사는 것이다.

그때였다. 청소하다 말고 라디오에서 흘러나온 '천일의 앤'의 영화음악에 불현듯 흡수되고 만다. 바람처럼 스쳐 지나갔던 날들이 흐르는 음악에 급물살을 타고 소용돌이를 치는 것이다. 몇 십 년 전이다. '천일의 앤'(Ann of 1000

Days)이란 음악이 어떤 내용을 지니고 있는 줄도 그때는 미처 몰랐다. 팝송을 뜻도 모르고 따라 불렀듯이 구슬픈 듯한 음색이 그냥 좋았다. 차분하면서도 알레그로 리듬에 매료되어 내가 치는 피아노곡 18번이 되었다. 이유 없이 슬픈 날, 대상 없는 그리움에 쓸쓸해진 날, 목적 없는 길을 정처 없이 걷고 싶은 날, 이 곡을 연달아 대여섯 번 치고 나면 마음에 낀 구름이 걷히고 밝은 햇살이 스며들 듯 마음이 밝아졌던 곡이었다.

사람들은 각자의 사연에 맞게 정서에 맞는 곡을 선곡하면서 자기만의 사연을 담는다. 그 선곡 속에는 추억이 있고 희로애락의 애환이 어리어 있다. 길을 가다가도 낯선 피아노 학원 창문 밖으로 소나티네 부르크뮐러 바흐인벤션 모차르트의 소나타 피아노곡들이 들려올 때면 나도 모르게 추억의 문을 열어젖힌다. 음악은 타임머신을 타고 마술을 부리는 걸까. 이런 피아노 음곡들을 가르쳤던 처녀 시절로 빠져든다. 그때 그 아이들이 환하게 웃으며 금세 눈앞에 나타날 것만 같다. 지금쯤 성인이 되었을 나이건만 그때의 아이들 모습으로 정지된 채 떠오른다.

어디 이뿐이겠는가. 노래의 선곡에 따라 감정이 변하듯 '나의 살던 고향은 꽃피는 산골…….' 고향의 봄을 부르거나 어디선가 들려오면 유년의 고향 생각에 젖어든다. 집집이 낮은 탱자나무 울타리너머로 동네아주머니들끼리 서로 주고받는 이야기며, 살구꽃 앵두꽃 복사꽃이 피어있는 시골 마을이 눈에 펼쳐진다. 골목길마다 누렁이 복실이가 멍멍 짖어대며 해는 길고 배는 고픈데 먹을 간식거리라고는 구덩이에 묻어 두었던 고구마 쪄놓은 게 전부였던 시절. 비가 오는 날에는 남새밭에서 뜯어 온 부추로 어머니가 부침을 해주었던 가난하지만 풍요로운 고향이 노래 속에 배어있다.

음악은 마음의 길을 안내하면서 정서에 많은 영향을 미치며 일상생활에 매우 밀접한 관계를 맺고 있다. 동요를 들으면 동심의 세계가 아롱다롱 매달린다. '댄서의 순정' 같은 노래를 들으면 아슬아슬한 유혹이 미풍처럼 손을 뻗치는 느낌을 받는다.

얼마 전 티브이에서였다. 여섯 살 먹었다는 꼬마가 출현하여 잠시 유행했던 '어머나'를 불러댄다. '어머나 어머나 이러지 마세요.' 남자가 여자를 건들며 연애하는 가사가 아니던가. 어린아이가 연애해본 것도 아니고 무슨 감정이 있을까. 나 역시 '천일의 앤'이 무슨 내용인지도 모르면서 막무가내 따라했던 것처럼 그 아이도 어른들의 흉내를 내고 관심을 끌면서 즐기고 있는지 모른다. 훗날 이 노래가 흘러나오면 꼬마는 나처럼 세월을 거슬러 올라갈 수도 있다며 음악의 무게를 짚어본다.

영국의 왕 헨리 8세는 연인 앤 불린과 결혼을 하고 싶어 왕비와 이혼을 하려 했지만 이혼을 금한 가톨릭 교리 때문에 허락하지 않자 화가 난 헨리 8세는 가톨릭으로부터 독립을 선언하고 영국 국교회 성공회를 설립해 앤과 결혼을 했다. 그러나 그토록 절절했던 사랑이 3년 남짓한 천 일간의 사랑으로 막을 내려 '천일의 앤' 이 되었다는 내용을 알고는 비극적 사랑이 전염이라도 될까 봐 18번에서 멀어져 버렸다. '어머나'를 불러대는 꼬마는 성인이 되어 다시 '어머나'란 노래를 부를까. 여린 새싹 같은 동심은 어디서 찾을까. 시냇물, 푸른 하늘 은하수 같은 노래는 어디로 갔을까. 달 속의 옥토끼 금도끼를 그리며 부르는 달 노래는, 달처럼 포근하고 아늑하다. '산 위에서 부는 바람 시원한 바람'은 땀에 젖은 마음을 시원하게 한다. 자연의 사랑과 고마움을 깨우치게 했던 동요가 연기처럼 사라져 간다. 그 자리에 허황한 바람만 분다.

얼굴이 그 사람의 '얼의 꼴'이라면 음악은 '심의 꼴'일 터, 고린도전서 13장 '사랑은 언제나 오래 참고 사랑은 언제나 온유하며 사랑은 시기하지 않으며....' 가사를 음미하면서 음악에 취한다.

체중계에 마음을 싣고

어릴 때는 나뭇가지를 타고도 놀았다. 또래들과 어울려 언덕으로 가면 배롱나무가 기다리고 있었다. 빨간 꽃을 올망졸망 매단 배롱나무는 여름내 꽃망울 같은 오종종한 이야기로 우리를 손짓하는 표정이 따뜻했다. 아름다운 동화를 듣는 느낌으로 코흘리개 친구들은 소꿉놀이하면서 나무 곁에서 놀았다. 배롱나무 등걸은 그 껍실이 매끈했다. 도시의 아이들을 본 것처럼 살결이 고운 피부를 배롱나무에서 볼 수 있었다. 매끄럽고 포근한 느낌이 손바닥에 닿았다.

배롱나무를 좋아하게 된 것은 허리 높이쯤에서 옆으로 밋밋하게 뻗은 튼튼한 가지 때문이기도 했다. 그 가지를 타고 가보지도 않았던 서울 제주도 등을 상상하면서 자동차 놀이를 했다. 가지에 올라앉은 우리를 마다치 않고 배롱나무는 자동차처럼 기차처럼 잘 달려주었다. 가지를 굴리면 그네를 타는 재미도 즐길 수 있었다. 나뭇가지는 우리를 태우고 종일 심심하지 않을 것이라고 멋대로 생각했다. 그때의 배롱나무가 일종의 체중계였음을 나는 늦게야 깨닫는다.

어릴 때 또래들과 어울려 놀던 그 언덕은 지금 보이지 않는다. 어느새 양옥집이 들어서서 우리의 추억을 흔적도 없이 지우고 말았다. 세월의 흐름에 따라 나이를 먹고 어른이 되듯 언덕도 세월을 따라 집터가 되고 이런저런 집을 이고 지고 배롱나무에 관한 추억을 다 앗아 가버렸다. 그런 아쉬움이 있지만, 세상이란 것은 어차피 상전벽해처럼 바뀌어야만 변화란 입맛을 보게 된다. 추억이 사라지는 것은 안타까운 일이다. 하지만 사람이 살 집이 우선이라는 생각은 시골이라고 다르지 않다.

그 옛정서는 지금 찾을 수 없다. 길이 달라지고 그때의 흙바닥은 매끈한 아스팔트로 탈바꿈했다. 현대문명은 먼지를 털어버리고 말끔하게 잘 닦은 길을 타고 온다. 그건 일종의 아스팔트 정서 아니겠는가. 그러나 달라진 정서는 먼 훗날 또 다른 정서의 무늬로 바뀔 것이다. 그것을 정서의 퇴적이란 이름으로 부르고 싶다. 두꺼운 퇴적층이 되는 날 더 깊고 듬직한 무게를 생각할 수 있을 것이라며 변화에 초점을 둔다.

세월에 따라 정신적 육체적 체중도 다르듯이 거실 한쪽

을 차지한 체중계의 자리는 항상 체중계만의 자리는 아닐 것이다. 거실 바닥이 아닌 베란다로 밀려나간다면 체중계는 우리네 인생살이처럼 달고 맵고 짜고 쓴맛으로 기온의 변화에 민감해질 것이다.

세월의 흐름에 떠밀려 나간다는 것은 맥이 빠진 일이다. 사람도 나이가 들면 세상 한 귀퉁이로 밀린다. 그 자리를 다음 세대가 차지한다. 그런데 나이와 상관없는 역사적 인물은 빛이 난다. 고향의 자랑인 송강 정철(1536~1593)이 머물었던 "송강정"과 송순이 낙향하여 귀거했던 "면앙정"이 그렇다. 고향을 말할 때마다 어릴 적 소풍을 갔던 송강정과 면앙정을 자랑삼아 화두로 삼는 적이 있었다. 딴 고향 사람들이 이 유적들을 그들의 고장으로 옮기려 해도 옮겨갈 수 없는 자연적 위치의 특성과 지리와 그 무게를 어떤 체중계로도 달 수 없는 점을 사랑한다. 그것은 어떤 신묘한 저울로도 달 수 없는 맑은 정신유산이다. 그런 선현의 정신이 목마른 시대에 살고 있다.

거실에 체중계를 두고 몸무게를 헤아리며 사는 이유도 자신을 갈고닦아 선현의 정신에 이르고자 하는 일이라며 감히 넘보지 못할 생각을 한다. 그런 생각 또한 마음을 키우는 바람인지도 모른다. 몸의 건강은 정신의 건강이라고 했다. 체중계는 몸무게를 달기 위함이지만 그것은 정신의 무게를 가늠하는 일이다. 가끔씩 가리키는 무게를 체크해

보아야 한다. 주관이 무거워져 독선을 가리키는지, 자기 위안이 무거워져 변명을 가리키는지 꾸준히 몸과 마음을 닦아서 수시로 체중계로 달아볼 일이다.

3부

추억이 추어끼리 동무하고 있고

전통재래식 장터, 오일장을 찾았다. 세상은 이미 최첨단을 달리는데, 아직 아날로그적 추억을 그대로 간직한 곳이 전통시장이다. 이곳은 현대적인 모던함과는 멀고, 순 한국적 순박함과는 가깝다. 손님을 기다리고 있는 물건들은 마트나 백화점처럼 질서 있게 진열되어 있거나 한눈에 혹, 할 지경으로 근사한 상품이 아니다. 텃밭에서 가꾼 소박한 것들을 가지고나와 널빤지나 좌판에 되는대로 널려있는 제멋대로 상품들이다. 무엇 하나 틀에 얽매이지 않는 자연 그대로다. 물건 값도 인정머리 없게 보이는 정찰제가 아니라 흥정이 있고 덤도 있다. 흥정하며 주고받는 왁자지껄한 소리는 "이것이 사람 사는 거야"라는 말을 대신한다.

부산광역시의 시내에 있으면서도 전형적인 시골 오일장

의 특성을 지키고 있는 유일한 "오시게 장날"이다. 2일(12일, 22일), 7일(17일, 27일) 오전 6시부터 장이 서서 오후 6시에 파장한다. 부산시 금정구 노포동 전철 노포동역 맞은편 길 건너에 자리 잡고 있다.

지하철역에서 내려 밖으로 나오자, 장날 풍경이 한눈에 들어온다. 정겨운 모습에 가슴 설렌다. 장터 입구 길거리에는 유년 시절 친정집 뒷마당에 심겨 있었던, 빨갛게 익은 보리수 열매가 좌판에서 "날 좀 보소" 하며 발길을 붙잡아 세운다. 붉게 잘 익은 보리수 열매가 먹음직스럽다. 곁으로 다가가 한 사발에 3천 원씩 주고 세 사발을 샀다. 인심 좋은 주인은 한 움큼을 더 집어주고 나는 주섬주섬 보리수 열매를 입에 집어넣기에 바빴다. 하지감자를 캐고 보리가 누렇게 익어갈 무렵 간식거리였던 보리수 열매가 아니던가. 보릿고개 추억을 마음껏 먹었다.

장마당은 다시 길을 따라 이어진다. 위쪽으로 쭉 장돌뱅이라 할 수 있는 장사꾼들이 좌판을 벌여놓았다. 옛날 장터에서나 볼 수 있는 약장수가 있고, 사라져 간 옛날 돈과 〈아리랑〉, 〈새마을〉, 〈파고다〉 등 옛날 담배들이 얼굴을 내밀고 있다. 길모퉁이 한쪽 좌판에서는 흥정이 오간다. 양말 파는 곳이다.

"마 두 개 500원에 주이소."

"안 됩니다."

"마 그래해 주이소."

"아이고 마, 그라이소."

양말을 사고 싶은 할머니는 깎아달라고 조르고 양말장수는 못 이긴 척 깎아주고 만다. 시대의 변화 속에서도 자연스럽게 과거의 기억들과 대면할 수 있어 흐뭇하다.

장터 안으로 들어섰다. 상인들의 몸짓이 분주하다. 팥을 듬뿍 넣고 동그랗게 풀빵을 구워 팔고 있는 곳에 시선을 빼앗긴다. 제과점에서 고급재료를 사용하여 위생적으로 구워낸 빵도 살찐다고 시큰둥하건만 아무 생각 없이 무조건 먹고 싶다. 팥빵을 먹고 돌아서자 중년 남자가 검정교복에 高자가 붙은 까만 교모를 쓰고 지나갔다. 남자는 아이스 통을 짊어지고 다니면서 "아이스깨끼"를 외쳐댔다. 먹을 것이 궁하던 시절 삼복더위에 빈병을 주고 사먹던 흔치 않은 빙과가 아니던가. 기회를 놓칠 수 없어 한 개에 오백 원을 주고 사서 입에 물었다. 그런데 맛이 70년대와 전혀 다르다. 한쪽에서는 뻥튀기 호루라기 소리가 추억을 부추기며 아쉬움을 달래준다. 뻥튀기와 나란히 옆으로는 손등이 거칠고 이마에 주름이 깊게 패인 초로의 남자가 맷돌로 콩을 갈아 만든 국수를 팔고 있다. 어릴 적 어머니를 따라나선 장터에서 먹었던 그대로다. 이번에도 배가 고프지도 않은데도 점심이라는 핑계로 한 그릇 뚝딱 비우고 말았다. 콩국 맛도 세월 따라 변했는지 옛 맛이 아니다. 신토불이가 아니고 수

입해 온 모양이라는 생각에 아쉬워진다. 맞은편 구석 식당에서는 막걸리와 돼지껍질구이, 장터 국밥이 장날의 분위기를 한층 흥겹게 고조시킨다. 먹을거리가 궁하던 시절, 군침 돌게 만든 귀한 음식들이다.

마트에서 판매하는 곡류도 나와 있다. 킬로그램으로 정갈하게 포장된 것과 전혀 다른 됫박 판매가 정겹다. 옛날 나무 됫박이 곡식 위에 놓여 있다. 한 되 두 되로 계산하여 까만 봉투에 담아준 모습이 푸근하다. 됫박 속에는 투박하고 따스한 서민들의 정이 가득 담겨 있고, 상인들의 검게 탄 얼굴과 거친 손에는 정직하고 성실하게 살아온 삶의 흔적이 차곡차곡 배어 있다. 투박한 말투는 이야기를 하는 것인지 시비를 거는 건지 구분이 가지 않음에도 가슴이 뭉클하게 집히는 것이 있다. 손짓도 걸음걸이도 심지어 웃음소리도 크고 거친, 가식 없는 소탈함이 인간적으로 다가온다. 그 속에서도 시류의 물살을 버틸 수는 없는 일일까. 콩과 깨 수수에 "중국산"이라는 이름표를 써 붙여놓고 다문화의 세상을 보여주고 있기도 하다. 대세의 거친 물결을 어찌 이겨낼 것인가. 다만 변해야 할 것과 변하지 말아야 할 것이 함께 공존하기를 바랄 뿐이다.

"오시게"라는 말은 오시게 마을(현 부곡 4동)당시 마을 이름에서 유래한 것인데 까마귀가 많아서 까막고개 즉 한자로 "오시게" 또는 "오현"으로 불렸다고 한다. 그렇다면 까마귀 '오烏'에 고을 '현縣 '이 아니겠는가.

세월이 흘러갈수록 과거의 토속적 추억이 더 또렷하게 살아난 곳이다. 삶이 무기력해지고 권태로울 때 잊혀 진 옛날을 보여주는 오일장으로 한 번 가볼 일이다. 무엇엔가 가슴 뭉클하게 젖어보고 싶을 때 찾고 싶은 곳이다.

이기대에서 듣는 피리소리

이기대 바닷길을 거닐 때였다. 피리를 부는 소리가 들려와 가는 걸음을 멈추었다. 사방을 둘러보아도 그럴만한 일은 없을 것 같은데 분명 그것은 피리소리였다. 가만히 보니 바위를 때리는 파도가 하얀 물방울이 되어 허공으로 치솟아 오른 수천 개의 은방울들의 환호성이었다. 개선장군처럼 몰려온 파도와 갯바위가 서로 만나자 와락 껴안고 스킨십을 하는 사랑의 하모니가 피리소리로 들린 것이다.

바위의 품속으로 안겨드는 하얀 파도도 있다. 그럴 때마다 바람은 물방울과 어울려 일대 춤사위를 부추긴다. 바위 끝으로 성큼 치솟아오르는 빗살무늬 같은 포말은 무지개 같은 곡예를 망사 저쪽에서 연출한다. 햇빛이 파도의 윤무에 덩달아 조명을 깐다. 순간 무지개가 허공을 차지한다.

분위기를 돋우려는 듯 젊은 선남선녀가 경쾌한 리듬으로 춤사위를 곁들이는 장관이 눈에 떠오른다. 장자산은 늠름한 남성상이다. 장엄한 관악에 맞추어 피리를 부는 듯 아늑한 곡조가 연상되는 옴팍한 산이다. 산자락아래 바다는 또 다른 푸른 소매를 나부끼며 하얀 치아를 드러내고 차르르 웃어대는 아리따운 여인의 모습이다. 한판 신들린 놀이판은 보는 눈과 귀를 즐겁게 한다.

어느 날은 이기대二妓臺 산책길에서 두 기녀妓女를 만나는 환상에 뜬다. 조금 전에 듣던 휘파람소리는 두 기녀가 목청껏 뽑아 올리던 육자배기 가락인지도 모른다. 어느 대목에서는 피를 토하는 듯하고 또 어느 대목에서는 자지러지게 허리를 꺾었다. 아슬아슬한 낭떠러지를 붙잡고 목청껏 울부짖는 파도소리가 된 기녀인지도 모른다.

들뜬 마음을 가라앉히라고 깡마른 나무 삭정이가 툭 풀덤불에 떨어진다. 가던 걸음을 멈추고 삭정이가 떨어진 자리를 살핀다. 영화장면의 변화처럼 이번에는 납작하게 엎드린 마른 풀잎이 시선을 붙잡는다. 갯바람에 몸을 흔들면서 나를 빤히 보는 것 같다. 파도소리에만 정신을 팔지 말라고 작은 소리로 속삭이는 마른 풀잎은 그대로 언덕에 퍼져 앉았다.

삭정이를 소재로 한 그림을 생각하기도 한다. 한 생을 즐기는 갈대의 춤사위가 소복을 입고 한풀이를 하는 영상이 스쳐간다.

어떤 풀덤불은 낯설다. 엉클어진 건초의 이름을 기억한다는 것을 풀덤불이 알면 좋아할 것이다. 그래서 이름을 불러주는데 이름이 목에 탁 걸리는 것도 있다. 몰라줘도 개의치 않고 바닷바람에 흥을 돋운다. 미세한 울림이다. 지금은 녹슨 칼날처럼 그냥 엎드린 풀잎이지만 만지면 살을 섬벅 베기라도 할 듯 시퍼런 청춘의 한 때도 있었다. 찬란했던 과거에 얽매이지 않고 현실을 순순히 받아들인 자세가 초연하여 좋다. 하찮은 풀이라고 업신여길 게 아니다. 자리를 탐내며 나만이 적임자라고 억지를 부리지 않는 비움의 초연한 자세를 배운다. 그 빈자리에 다시 새싹이 돋아나 싹을 틔우고 장자산과 이기대 바다가 어우러진 푸른 물결의 노래로 우렁찰 것이다.

길목에 서 있는 소나무가 나에게로 가지를 뻗어오는 듯하다. 소나무의 정기를 느낀다.

부산시 용호동 이기대. 내 안에서 또 다른 파도가 콩 자지러지는 소리를 한다.

필통 속에서

미키마우스가 그려져 있는 천으로 된 필통이 하나 있다. 샤프, 형광펜, 비비펜, 코러스볼펜, 연필, 자 그리고 지우개 등이 옹기종기 들어있다. 색깔도 다양하고 모양도 다르지만 서로 다정하다. 자리다툼도 없다. 어느 것이 더 소중하고 가치가 있다며 따지지도 않는다. 의지하고 함께 있으므로 편안하다. 하찮은 물건이라며 때로는 주인에게 푸대접을 받지만 그냥 싱글벙글하는 모양새가 귀엽다. 잘난 척, 있는 척, 아는 척하지 않는 순진하고 허물없는 또래들이다.

서로 입을 다물고 있는데 검은색 옷을 입고 있는 4B 연필이 너스레를 떤다. 흘러간 지난날을 읊어댄다. 그러자 스킨십을 하고 있던 이웃들이 귀를 쫑긋 세우고 시선을 집중한다.'나는 말이야, 저~기 북아메리카라는 곳에서 자란, 키가

30미터가 넘는 잎이 뾰족한 측백나무과의 향나무였는데, 나를 필요로 하는 사람들의 요구에 의해 여기까지 오게 되었던 거야. 나를 데리고 오기 위하여 내 몸을 톱으로 토막토막 자르더구나. 기겁을 했지. 그 아픔을 견딜 수 없어 누군가에 의한, 필요한 물건으로 새롭게 변신하는 걸 포기하고 싶었어.'라며 시무룩하다.

그러자 가만히 쳐다보고 있던 필통이'인내와 희생이 있을 때 토실토실한 알맹이가 영글고, 고통의 과정을 거치면서 새롭게 성장할 수 있다.'며 말을 잇는다. 샤프 위에 누워있는 귀엽고 동그랗게 생긴 하얀 지우개는 그런 연필이 안쓰러운가 보다. 멍이 든 상처를 지워 주겠다며 쓱쓱 닦아낸다. 몸집은 작지만 남의 아픔을 헤아릴 줄 아는 속이 깊은 지우개다. 낙천적이고 밝아 보이는 노란 형광펜도 연필의 긴 세월을 쓰다듬듯 꽉 닫힌 뚜껑을 열어 뭔가를 보여줄 듯하다. 연필이 이야기를 한 지난 세월을 돌아보며 형광펜도 스스로 깊이 묻어둔 상처가 속에서 치밀어 오르는 건지 묵묵히 감정을 다스리고 있는 폼이 다소곳하다.'누구인들 아픔 하나쯤 없겠느냐.'며 말을 흘린다.

눈치 빠른 날렵한 샤프가 약방의 감초처럼 톡 나선다. 나라고 온실 속 화초처럼 고왔던 것만 아니라고 한다. 때로는 심신이 허약하여 부러지기도 하고, 좀 쉬고도 싶은데 주인은 가만히 놔두지도 않고, 엄지손가락으로 뒤통수를 툭툭

치면서 밖으로 밀어내며 일을 시킨다고 투정 아닌 투정을 한다. 그뿐이 아니란다. 사용하는 주인이 잘못해 놓고 괜히 연필심이 나오지 않는다느니 너무 길게 나와 탈이라며 불평불만을 하기에 더 이상 어찌할 의욕이 없어진다고 한다. 칭찬에는 고래도 춤을 춘다는데 나라고 칭찬이 싫겠느냐며 사랑이 부족한 주인이 불쌍하다고 한다.

기다란 자는 필통 속에서 길게 누워 편안하게 자리를 잡고 있다. 느긋한 마음으로 모든 것을 수용하고 초월하며 받아들이는 너그러움이 보인다. 쓴맛 단맛 다 겪은 나이 지긋한 어른처럼 쉽게 말하지 않는다. 세상을 잘 몰라서 그렇지 '존재한다는 것은 사람이나 무생물이나 다 거기서 거기'라며 말을 아낀다.

이런저런 이야기를 가만히 듣고 있던 소녀티가 물씬 거리는 코러스 볼펜이 얼굴을 쏙 내민다. 뚜껑이 열려있는 필통 속에서 벗어나 바깥세상으로 멀리 뛰쳐나가고 싶은 표정이 역력하다. 필통 속이 안정된 자리라고는 하지만 울안에만 있다는 것은 발전이 없다며 사춘기 소녀답게 반항을 한다. 젊어서 고생은 사서도 한다며 모험도 해보고 싶고 스릴도 느끼고 싶다고 종알거린다.

반복된 지루한 일상을 가끔씩 탈출하고 싶은 내 마음이나 다를 바 없어 보인다. 사춘기 소녀티를 벗어나지 못하고 있는 나를 코러스 볼펜이 은근히 닮았나 보다.

관용이라는 꽃말을 지닌 산세베리아가 거실에서 이들의 수다에 눈길을 주며 한마디 거든다. 내가 아파봐야 남의 아픔을 알 수 있고 내가 당해봐야 남의 부당함을 인정할 수 있다며 말을 함부로 하지 말라며 지리산 청학동 훈장님처럼 근엄한 미소를 짓는다.

필통은 나를 깨우치는 나름대로의 의미를 갖고 있다. 그 의미를 쓰다듬는 마음으로 뚜껑을 닫는다. 그랬더니 필통 속의 소리가 내 안에서 다시 들린다. 미키마우스가 그려진 낡은 필통은 나를 따라다니는 내 안의 애장품이 된 셈이다.

뒷산을 오르다

나무들이 서로 손을 맞잡고 가을맞이를 하고 있다. 산의 어른처럼 듬직하게 서 있는 상수리나무와 산벚나무 사이를 가을바람이 헤집고 다닌다. 튼튼한 칡넝쿨은 탄탄하게 굴참나무를 휘감고 있다. 굴참나무는 아무 불평 없이 우뚝 선 채 상수리를 비 오듯 후드득후드득 떨어트린다.

산벚나무 이파리가 함께 떨어져 상수리를 사뿐히 덮어준다. 산에도 이렇게 상부상조하는 삶이 있다니! 나는 속으로 감탄하면서 산의 이야기에 빠져든다. 어디선가 잽싸게 날아온 청설모가 상수리 열매에 눈독을 들인다. 상수리를 살짝 덮고 있는 산벚나무 잎사귀는 행여 열매가 드러날까 봐 바람이 불 때마다 안간힘을 쓴다.

열매를 지켜주려는 잎사귀의 조바심이 모처럼 어릴 때

나를 생각나게 한다. 언니 몰래 물건을 감추어 두고 언니를 골려 먹기도 하고 애를 태우기도 했던 기억에 웃음이 돈다.

산은 계속 이야기를 한다. 아니 더 아름다운 이야기를 전개해간다. 바람을 타는 억새가 옆에 서 있는 하얀 실 같은 포자를 툭툭 친다. 포자식물은 기다렸다는 듯이 허공중으로 제 분신을 날린다. 산도 자기 혼자 힘으로는 새 생명을 얻을 수 없음을 이야기하고 있다. 이름 모를 포자는 한 많은 여인의 긴 한숨처럼 사라진다. 풀과 나무 바위 등, 산이라고 왜 한이 없겠는가. 그럼에도 서로 등 기대고 살아가고 있다.

들국화가 피어있다. 쑥부쟁이라고 하던가, 소박한 보랏빛과 흰빛이 서로 어울려 우아하게 얼굴을 들어 올리고 있다. 가을 햇살과 만나는 꽃부리에서 가을 노래가 터진다. 나도 한 곡조 뽑고 싶은 마음이 봇물 터지듯 차오르는데 청솔모가 상수리를 기어이 찾아 물고는 보란 듯이 내 앞을 지나간다. 옛날에 언니가 드디어 내가 감춘 물선을 찾아내어 의기양양해 하던 모습과 똑같다.

언니 생각에 웃음기를 띠며 걸음을 옮기던 중, 나이가 상당히 들어 보인 부부가 떠들썩하게 싸우며 지나간다. 바위라도 굴러 내릴 것 같은 높고 험한 언성이다. 아마 상수리나무에서 상수리가 놀라 한꺼번에 한 바가지쯤은 떨어졌으리라. 집에서 부부끼리 속상한 일을 싸들고 와 산에서 푸는 것이다. 언젠가 부부싸움을 하려면 산으로 간다는 지인이 생각난다.

산이 놀라 잠시 이야기가 멈추고 말았다. 풀잎은 몸을 움츠리고 청솔모도 놀라 멀리 달아나 버린다. 그들 부부가 산의 질서를 깨버린 것이다. 무엇이든 다 받아주고 감싸주고 품어주는 산이라 하더라도 산에서 싸움질하는 것은 산에 대한 예의가 아닌 듯하다. 나는 그들의 성난 목소리를 잊으려고 애쓰면서 안타까운 심정으로 풀잎을 내려다본다. 몸을 낮춘 풀잎은 내 마음을 아는지 다시 기운을 내 바람을 탄다. 칡넝쿨이 칭칭 감아올렸음에도 여전히 불평이 없는 상수리나무를 바라본다. 사람과의 대비를 잘 보여주는 큰 나무가 더욱 커 보인다.

사람이 자연을 가까이하면 자연을 닮는다고 한다. 사람도 자연일부이기 때문이리라. 올가을은 멀리 가지 않고도 우리 집 뒷산에서 가을 이야기를 듣는 기쁨을 누리면서 나도 산을 닮고 싶다는 철이 든다. 감히 산을 닮을 수는 없지만 산처럼 서로 어울려 사는 것이 아름답다는 걸 조금 느낀 것이다.

내 속의 불평과 욕심과 또 내가 모른 여러 가지 좋지 않은 것들을 좋은 것으로 바꾸어야겠다는 야무진 생각이 쳐들어온 것이다. 아까 그 부부도 꼭 그러기를 빌면서 다시 산의 이야기에 귀를 기울인다.

바람이 불 때마다 상수리가 툭툭 떨어진다. 걱정스러운 산벚나무 잎사귀도 부지런히 떨어져 상수리를 덮어주고 있다. 언제 뛰어 왔는지 청솔모가 내 눈치를 살피며 엿보고 있다. 소나무 가지에 걸려있는 낮달이 배시시 웃는다.

해피스토리

거실에서 푹신한 방석에 배를 깔고 누워 해바라기를 하고 있는 해피의 모양새가 그지없이 편안해 보인다. 십년 넘게 방에서 함께 살아온지라 자기가 개인 줄을 모른듯하다.

식구들과 행동을 같이 하는 가족이다. 식구들이 잠자면 해피도 옆에 누워 자고, 식사하면 곁으로 와서 사람인양, 가족인양 밥을 먹는다. 식구들이 거실에서 놀면 거실로 오고, 방에서 놀면 방으로 따라온다. 개가 외로움을 타는 건지, 혹여 식구들이 외로울까봐 그런 건지, 곁에 붙어 함께 있길 좋아한다.

때로는 능구렁이 같기도 하다. 세살 먹은 어린아이가 엄마 곁을 졸래졸래 따라다니는 것처럼 행동을 하다가 흥미가 없으면 자기 자리로 돌아가 버리는 능청스러움도 있다.

식구들의 속을 뻔히 다 읽고 있는 해피의 행동이 꾀발라 보이지만 그래도 사랑스럽고 귀엽다. 왜 그럴까 곰곰이 생각해보니 개가 사람 못지않게 사랑과 정을 주는 활력소 역할을 하고 있는 것이다. 그래서인지 서양에는 "말이 안 통하는 인간보다 마음이 통하는 개가 낫다."는 속담도 있다. 요즘엔 개가 옛날처럼 집을 지키고 도둑을 지켜주는 일이 아닌, 사람의 고독을 지켜주고 있는 것이다. 그러다보니 인간대접을 받으면서 가족이 된 것이리라.

해피는 전생에 귀족 출신이었는지 누가 알아주지도 않건만 맨바닥에는 도대체 앉지를 않는다. 풍요와 다산을 상징하는 누렁이와는 격이 다르다. 주제파악을 더 못 하는 짓은, 아예 해피의 지정 방석과 지정 이불을 주었건만 그마저 가끔씩 싫증이 나는지 또 다른 방석이나 이불을 찾아 옮겨 다니며 앉는다. 지정석이 아닌 다른 자리에서 놀고 싶으면 발과 입으로 깔고 앉을 방석이나 옷가지를 옮겨 마음이 닿는 곳에 놓고 앉는다.

해피의 툭 불거진 입과 발은 운반수단의 도구 역할이 되기도 한다. 가족의 체취를 느끼면서 지켜주고 싶은 걸까. 식구들의 옷이 바닥에 떨어져 있기라도 하면 언제 보았는지 그 위에 덜렁 앉아 있다.

민속신앙에 개는 사악한 귀신을 물리치는 벽사의 신통력을 가진 동물이라고 한다. 그런 해피가 귀신이 되어 버렸는지 주인 속을 훤히 내다보는 신통력이 있는 것 같다. 해피와 놀고 싶어 부르기라도 하면, 때로는 귀찮아서인지 아무리 불러도 오지 않을 때도 있다. 기척이 없어 무엇하고 있는지 가보면, 해피는 이불을 뒤집어쓰고 영감마냥 앉아있다. 그 틈을 이용해 해피 몰래 혼자 살짝 산책이라도 나갈라치면 이때는 민첩해진 훈련병처럼 나타난다.

내 눈치를 살피면서 뒤에만 졸졸 따라다닌다. 혼자 두고 나갈까봐 내 동태를 감시한다. 이런 해피를 나도 골탕 먹이고 싶어서 나가지 않고 주저앉아 버리면 산책 나갈 기대로 노심초사 팔팔 대던 기색은 온데간데없고 풀이 죽어 시큰둥하다. 그러다 내가 누워있기라도 하면 해피는 또다시 부산해진다. 축 늘어져 있던 기세가 날쌘 사냥꾼처럼 잽싸게 달려와 내 배 위에 더럭 앉는다. 내려가라고 호통을 치면 슬며시 눈치를 보면서 못들은 척 딴청을 부리며 버티고 앉아 있다. 귀머거리가 되어버린 것 같다.

이런 해피가 버릇없어 보이지만 내심 그 모습마저 귀엽고 사랑스러운 걸 어쩌랴. 아마 누군가 이런 해피를 보고 야단을 친다면, 나 또한 해피처럼 못 듣는 척 눈길을 피하면서 더 꼭 안아주고 말 것이다.

개와 함께 생활을 하면서 교감을 많이 나누다보면 서로 집착하며 닮아간다는 동물연구가의 말이 와 닿는다. 같이 오래 살면서 관심어린 애정을 주노라면 말을 못하는 개이지만 웬만큼 의사소통이 되기 때문이다. 주인의 희로애락 감정과 간단한 말을 알아듣는다. 하기에 흉악범들한테'개만도 못한 사람'이란 핀잔이 결코 틀린 말은 아닐 성 싶다.

개는 사람에게 끼치는 영향이 단점보다 장점이 훨씬 많다. 어지간한 사람보다도 정서적으로 도

움이 크다. 그런데도 개에 관한 비유는 긍정보다 부정이 더 많다. 개하고 같이 뛰다가 개에게 처지면 개만도 못한 놈이다. 개하고 나란히 달리면 개 같은 놈, 개보다 앞서가면 개보다 더한 놈이라고 비꼬는 우스갯소리도 있다. 이런 비유를 듣고 있으면 사람의 양면성을 괜한 개를 두고 빙자하는 것 같아 떨떠름하다.

하루는 집에 놀러온 막내시누이가 해피를 보자 싱긋 웃으며 '어머! 개가 꼭 언니를 닮았네요.'하지 뭔가. 개를 닮았다니 욕인지 칭찬인지 기분이 애매모호하다. 뭐가 닮았느냐고 묻자'기가 팔팔 살아있고 눈치 볼 줄도 모르고 단순하고 순수하다.'며 듣기 좋은 소리를 한다. 나는 금시 입이 헤벌쭉하여 귀에 걸리고 만다. 처음엔 해피를 닮았다는 영문을 몰라 여차하면 물어버리려고 해피가 내 마음을 살피듯 나 역시 시누이 의중을 살피고 있었거늘, 귀가 보드라워진 한마디에 희희낙락하고 만다. 시누이 말마따나 해피와 나는 닮은꼴인지도 모르겠다. 개는 밥 주는 주인을 닮는다고 하던데 시누이 말대로 그 동안 해피가 내 행동을 재연하고

있었던 것은 아닌지 뜨끔 따끔하다.

무릇 사람이라면 아무리 듣기 좋은 소리라도 멍멍이를 닮았다는 소리는 듣지 말아야 하겠다. 주인의 외로움을 달래주는 개일지라도 개는 개이고 사람은 사람이다. 개는 낯선 사람만 보면 분별도 못하고 시도 때도 없이 짖어댄다. 생각 없이 아무 곳에서나 말을 가리지 않고 자기감정대로 말을 내뱉고 험담을 입버릇처럼 하는 사람들은 개와 무엇이 다르겠는가.

해피가 내 곁으로 와 고개를 들고 초롱초롱한 눈빛으로 빤히 쳐다보고 있다. 해피데이다.

꽃이 세 번 피면 쌀밥 먹는 나무

계절의 변화를 풀잎에서도 보고 듣는다. 기세가 팔팔하던 시퍼런 풀잎이 고개를 숙이는 것을 보다가 배롱나무에 시선이 정지된다. 빨간 입술연지 같은 꽃을 여름내 달고 있던 나무다. 그 꽃잎이 떨어져 풀 위에 깔렸다.

시인묵객의 구절이 아니더라도 꽃이 진다는 것은 쓸쓸하다. 마주보고 서 있는 또 한 그루의 조로의 배롱나무는 여름이 가는 것이 아쉬운 듯 듬성듬성 꽃을 달고 있다. 서둘러 꽃이 져버린 이웃나무의 빈 가지를 보면서 조금 느긋한 마음을 즐기는 것 같다. "바삐 서둘러 갈 게 뭐있는가. 바람이 불면 부는 대로, 구름이 흐르면 흐르는 대로 가는 게지." 남아있는 꽃끼리 이심전심 다정한 모습으로 오손도순 중얼거리는 듯하다. 자연의 흐름에 따라 순응하며 서두르는 기색도 없이 느긋하게 살아가는 풍요로운 노년의 모습처럼 홀가분해 보인다. 경지에 도달한 사람은 꽃처럼 아름답다.

배롱나무 꽃은 여름과 함께 시작되어 석 달 열흘 피고 지면서 여름과 함께 사라진다. 여름이 없으면 배롱나무 꽃도 볼 수 없을 성 싶다. 코스모스가 마을 어귀에 한들거리고 들판에 나락들이 노르스름한 물이 드는 시기가 되면 나는 배롱나무꽃 속에 어머니가 떠오른다. 대바구니를 옆에 끼고 소동댁과 함께 사실고개 밭을 향하여 발걸음을 재촉하시던 어머니 이었다.

멍멍이 누렁이와 함께 졸래졸래 뒤따라오는 나를 향해 어머니는 붉은 배롱나무꽃을 가리키며 꽃이 세 번 피고지면 쌀밥을 먹게 된다고 하셨다. 세 번째 핀 꽃이 사그라지면서 가을이 오고 있음을 알려주는 전령사 같은 꽃이다.

뙤약볕과 함께 사라져간 여름 꽃. 여름 꽃은 헌걸차다. 분꽃 칸나 사루비아 달맞이꽃 금계국……. 여름 꽃은 색깔과 향기 또한 강렬하다. 벚꽃 목련 수선화 등 봄꽃은 바람이 한 번 스쳐 가면 고개를 떨어뜨리고 말지만 여름 꽃은 끈질기게 새 꽃잎을 단다.

기운이 펄펄 넘치는 꽃이 여름 꽃이다. 바람이 불어도 흔들리거나 쓰러질지언정 지쳐서 스스로 눕지 않는다. 폭죽 터뜨리듯 마지막 세 번째 꽃을 피워내고는 할 일을 다 한 듯이 제자리로 돌아가려는 배롱나무꽃이다.

조선시대 선비들은 앞마당에 배롱나무와 향나무를 심어 놓고 꼿꼿한 지조와 강직한 삶을 꿈꿨다고 한다. 담양 명옥헌에서 보았던 삼백년이 넘었다는 배롱나무의 듬직한 등걸이 떠오른다.'단면만 보고 판단하지 마라.'식으로 세월의 풍상을 견뎌낸 굵은 나무줄기가 매끄럽고, 반질거린 알몸 같은 자태다. 세속의 바람에 씻기고 닦여진 모습에서 한 점 욕심이나 집착을 훨훨 벗어 던져버린 듯 한 경건함이 배어 있다. 화려한 꽃잎 같은 외면보다 내면의 알맹이와 뿌리가 튼실할 때 진면목의 가치가 있다며 그 이후로 배롱나무를 더욱 소중히 여겼다.

사람도 저마다 꽃을 피우다가 진다. 배롱나무꽃처럼 황홀하게 지는 목숨이 있는가하면 봄날 목련의 꽃잎처럼 검버섯 몸으로 땅바닥에 널브러지는 보기에 딱한 사람도 있는 세상이다. 무화과처럼 열매 속의 꽃을 피웠다가 담담하게 지는 사람도 있다.

꽃이 세 번 피면 쌀밥 먹는 나무에는 인생이란 의미가 있다. 피는 꽃과 지는 꽃 사이에서 나는 어떤 꽃이 되어야 하는가를 곰곰이 생각한다.

낙엽

며칠 전에만 해도 가지에 매달려 바람을 타던 푸른 잎이었다. 그러던 것이 황달처럼 누렇게 뜨더니 시름시름 가지를 떠나 나무 발치에 옹송그리며 모여 있다.

잎을 놓아야 하는 나무는 얼마 동안이나마 몸살을 앓는다. 뱀이나 매미가 허울을 벗듯 나무도 허울을 벗는 계절이다. 허울을 벗어야만 새로운 나무로 태어날 것이란 생각으로 잎이 떨어진 나무 발치를 본다.

추위를 가리느라고 두꺼운 옷을 겹으로 포개 입고 나선 산책길이다. 그런데 나무는 얼음장처럼 차가운 바람 앞에 맨 몸이다. 겨울의 맑고 싸늘한 공기는 맨몸이라야 제대로 맛을 알 수 있다고 말하는 듯하다,

나무 발치에 떨어져 옹기종기 서로 몸을 기대고 있는 나

뭇잎은 저들끼리 무슨 말인가를 소곤대고 있을 것 같아 가만가만 귀를 대어본다. 어떤 것은 등이 굽었다. 비틀어진 몸을 바로 펴지도 못하고 그냥 누워 있는 것은 떠나온 가지의 그리움을 버리지 못하는 것 같다.

그런데 하필이면 기장 대변항 마을 뒤의 토암공원을 낙엽 더미에서 생각하고 있었는지 모른다. 그곳엔 소풍 나온 어린 학생들 같은 토우들이 산자락에 널려 있다. 가까운 바다를 보는 토우들은 햇빛이 좋은 언덕에서 제마다 다른 표정을 짓고 있다.

그렇게 보니 나무 발치에 깔린 낙엽이 토우다. 어떤 낙엽은 입을 헤벌리고 있다. 어떤 것은 졸음이 오는 듯 하품을 하고 있다. 또 어떤 것은 오줌이 마려운 시늉을 하고 있다. 때늦은 가을소풍인지도 모른다. 가지고 온 도시락은 다 까먹고 겨울바람을 타령하는 노래라도 부르고 있을 작은 입들이 쫑긋쫑긋하다.

낙엽에서 토우를 보는 것은 다소 어이없는 일이긴 하다. 하지만 낙엽을 또 다른 시각으로 보면 감성적인 소녀들이 옷섶이나 모자에 매다는 나뭇잎 모양의 장식품이 떠오르기도 한다. 나무 발치의 낙엽은 혹 그런 꿈이라도 꾸고 있을지도 모른다. 그러나 떨어진 낙엽은 겨울을 지나면서 비와 눈발과 바람결에 부대껴 그 자리에 삭을 것이다. 떨어진 자리에서 썩어 새 생명을 태어나게 하는 밀알이 된 낙엽이다.

언젠가 등산을 하던 날이었다. 어느 골짜기를 가는데 길에 깔린 낙엽이 무릎까지 차올랐다. 등산길이 아닌 낙엽길이 걸음을 푸석거리게 했다. 고개를 들어보니 뼈대만 훤칠한 상수리나무가 여기저기 하늘을 찌르고 있다. 그 자리에 주저앉아 낙엽을 덮어 쓰고 누웠다. 낙엽이 이불이었다. 산짐승들이 밤에는 낙엽 더미 속으로 파고들어 겨울잠을 잘 것이란 생각이 들자 산을 타는 일행이 영락없는 노루나 멧돼지 같은 산짐승처럼 보인다.

잎이 진 가지는 새잎을 매다느라고 동경야독冬耕夜讀의 끈을 늦추지 않을 것이다. 낙엽이 숲을 보다 푸르게 하고 아름답게 가꾸는 순리의 길임을 깨닫는다.

나무 발치에 떨어진 낙엽을 보는 눈에 계절이 오고 가는 부산한 움직임이 보이는 것 같다. 오는 계절을 위한 잎과 꽃눈이 되고자 저요, 저요 하면서 손을 들고 엉덩이를 들썩거리고 있는지도 모른다.

낙엽이 푸석푸석한 길을 한 노인이 뒷짐을 진 채 천천히 걸어가고 있었다.

눈 오는 날

백지처럼 하얀 세상이다. 눈은 얼룩진 내 마음을 눈치 챈 듯 순결한 모습으로 하얗게 덮어버렸다. 나는 백의 천사니 설국이니 하는 말을 내뱉는다. 지난밤이었다. 어느 취객이 슈퍼마켓 주인과 실랑이를 하던 시끌벅적한 골목도 언제 그런 일이 있었느냐는 식이다. 눈은 이기심으로 얼룩진 세상을 하나로 묶는 힘을 가지고 있어 보인다. 모두가 눈이 되어 하얀 마음으로 살자고 하는 설득이 눈의 마음속에 있는 것 같다.

눈은 포근하다. 그러나 그 속에는 차고 강한 힘이 있다. 밟으면 뽀드득뽀드득 소리를 하는 눈이 그렇게 강한 힘을 지니고 있다는 걸 깨우치게 한다. 그것을 느껴보려고 길에 나섰다. 발아래 밟히는 눈은 희고 순박한 세상을 향하여 걸어보라는 듯하다. 그 타이르는 소리가 발바닥을 거쳐 마음에 닿는다. 어머니의 목소리 같기도 하고 아버지의 목소리 같기도 하다. 눈길을 걷는 것은 고향 집 마당을 걷는 셈이라며 나는 잠깐 어릴 적 눈 오는 풍경을 떠올린다.

유년시절 눈이 쌓인 날이면 친구들은 눈싸움하면서 골목길에서 즐거운 하루를 보냈다. 눈은 어릴 적의 장난감이기도 했다. 눈사람을 만든 소꿉에서도 서로의 마음을 알 수 있었다. 그것은 친구의 속마음을 읽는 길이기도 했다. 친한 친구는 눈썹을 반달처럼 검정 숯으로 예쁘게 단장하고 코 아래는 기다란 솔잎으로 수염을 달았었다. 어디서 주워온 벙거지를 머리에 씌우기도 했다. 반듯하고 건사한 눈사람이다. 그러나 미운 친구는 마음에 심술이라도 난 듯한 눈사람을 만들었다. 눈썹을 일부러 치켜 올리고 입도 삐뚜름했다. 심청전에 나오는 뺑덕어멈 모습이다. 심술 사나운 눈사람을 만들어 놓고 이건 누구라며 이름을 달기도 했다.

골목길에 나서는 어른에게 눈덩이를 던지기도 했다. 그 눈덩이를 맞고도 어른들은 화를 내거나 큰소리로 나무라지도 않았다. 개구쟁이 친구들은 더욱 신이 나서 큰 눈을 뭉쳐서 서로 던지고 맞고 하는 사이 손발이 꽁꽁 어는 줄도 몰랐다. 눈이 오는 날은 눈이 장난감이었다. 장난도구라고는 전혀 없는 시골에서 친구들은 컴퓨터나 쇳소리 나는 장난감이 아닌 자연 전체가 곧 놀이의 대상이었다.

눈이 아닌 비 오는 날은 비와 놀았다. 비가 멈춘 뒤 철철 넘치는 도랑 가로 달려가 검은 고무신을 물에 띄우면서 뱃놀이를 했다. 누구 배가 더 멀리 가는가 하고 놀다가 고무신을 떠내려 보내기도 했다. 그러면 집에 들어갈 엄두를 내지 못하고 해가 설핏 기운 다음에야 숨다시피 하면서 집안으로 들어가 시침을 떼었다.

전자제품이 놀이도구인 요즘 아이들과는 판이했다. 그러나 그때 그 시절이 그리운 것은 향수 어린 추억 때문만은 아니다. 자연과 친하고 자연과 놀았기 때문이다. 컴퓨터 같은 차디찬 기계와 놀다가 밥상에 겨우 앉는 요즘 아이들은 언제나 혼자다. 서로의 몸을 부딪칠 일이 없다.

자연의 질서도 지금보다 변화가 심하지 않아 삼한사온의 구별이 거의 또렷했다. 죽공예품으로 이름이 높은 고향 담양은 눈이 참 많이 왔었다. 대나무밭을 하얗게 덮은 노을 무렵에는 대나무 숲에서 우짖는 참새 떼들이 더욱 부산스러웠다. 대숲에 내린 눈은 커다란 눈의 터널을 만들기도 했다. 그것은 지금 생각해도 환상적인 분위기였다. 눈은 수정궁궐 같은 분위기를 만들어 주며 나를 들뜨게 하였는데 어머니는 눈이 또 왔다며 이마에 주름을 그었다. 눈 오는 것을 싫어한 어머니를 이해할 수 없었다.

어머니 나이가 된 나는 이제 어머니 마음을 헤아린다. 어머니께서 귀찮아하신 눈은 현실의 그림자였고, 내가 좋아한 눈은 눈앞에 잠시 반짝이는 이상이었다. 이상은 무지갯빛이듯 눈은 금세 녹아버리고 만다. 사라지고 이르는 바람의 숨결 같다. 그 뒤에 찾아온 허무함과 고달픔이 어머니가 느낀 눈이었으리라.

이곳 부산은 유독 적설량이 적어 눈 오는 날은 반가운 손님이 오는 날 같다. 어쩌다 눈이 내리면 누구나 할 것 없이 마음은 거의 축제 분위기가 아닐까 싶다. 온난화 현상으로 어느 지역이나 옛날보다는 눈 이 적다고 하지 않던가. 지구의 온난화가 축제분위기에 편승한다고 보면 그렇게 축제만으로 흥겨워할 일은 아니겠다. 기후는 지구를 염려하는 목소리도 들린다. 당장 코앞에 닥친 일이 아니므로 신경이 무딘 것은 너나 할 것 없이 대동소이할 것이다.

사람도 가끔 다중성을 띠고 살 듯 눈이라고 다 순수하지는 않아 보인다. 내리는 눈은 순수 그대로인데 지상에 떨어져 사람에게 밟히는 눈에서는 아픔과 진통과 오염이라는 말이 떠오른다. 세상을 아파하는 눈, 세상의 발길에 밟혀 세상의 진구렁을 닮아가는 눈이 지저분한 기회주의자 같다는 생각을 하게 된다. 순수해지고 싶은 눈이었는데 지상이 그것을 받아주지 않는다고 할까.

그렇지만 사람들이 내리는 눈을 좋아하는 마음 역시 순수의 의지가 남아 있다는 증거이기도 할 것이다. 어느새 눈은 그치고 싸늘한 바람이 길을 가는 사람의 옷깃을 여미게 한다.

또, 눈 오는 날을 기다리면서.

산딸기

빨간 불똥 같은 것이 눈에 보여 가까이 가보니 산딸기였다. 딸기나무의 푸른 잎사귀며 가시 같은 것은 거의 눈에 들어오지 않았다. 터질 것 같은 검붉은 산딸기 알갱이만이 조롱조롱 매달려 사람의 마음을 끌고 있었다.

선정적인 것은 붉은 장미만이 아니다. 에로틱한 산딸기 나무는 제 몸을 지키려는 의지인지 뾰족한 가시를 수없이 달고 있다. 손을 대기만 하면 가만두지 않겠다는 으름장을 가시로 나타내는 것이리라. 사랑스러운 여성의 부드러운 입술이 앵두라면 산딸기는 부르튼 듯한 조금은 농염한 중년여성의 입술을 연상시킨다.

가시덤불을 헤치고 손길을 뻗어 따볼까 하는데 웬걸, 요게 장난을 치며 놀자는 건지 눈앞에 보였던 딸기가 한순간 잎사귀에 가려서 보이지 않는다. 나 잡아보라 하며 숨어버렸다. 속살이 터질 듯한 요염한 산딸기는 나를 애먹이는 듯하다. 세상의 쓴맛 단맛을 다 겪은 중년 여인처럼 처세술이 능하다. 위급할 때 어떻게 처신하는가를 아는 통달한 여인네 마냥 눈 깜박할 사이 자취를 감춰버리고 날카로운 가시만 내세운다.

그렇다고 물러서기는 너무 아쉽다. 휘둥그레진 내 눈은 손을 뻗어 푸른 잎사귀와 가지 사이를 이리저리 살펴본다. 푸르스름한 애송이 딸기들이 보초라도 서듯이 앞을 가로막고 내 시야를 어지럽힌다. 아직 맛이 들지 않는 푸르스름한 딸기를 앞세운 딸기의 속내는 인간을 닮았다고 할까. 하급자를 앞에 내세우고 자리를 보존하려는 잔꾀를 딸기에서 보고 있으니 딸기에도 무슨 순위가 있어 보인다.

파수꾼으로 나선 이파리와 줄기가지들은 앙칼진 가시로 단단히 무장했다. 선임을 지키고자 하는 뜻이 아직 설익은 딸기들의 젊은 패기에서 볼 수 있다. 그 단합된 모습은 잔잔한 감동을 준다. 나는 잠깐 산딸기 따기를 멈칫거리며 생각에 잠긴다. 그들의 평화를 깨지 말고 오순도순 살라며 물러설까 하는 생각이 든다. 하지만 검붉은 알갱이의 유혹을 그냥 뿌리칠 수는 없다. 갈팡질팡한 사이, 한입에 톡톡 깨물어 먹고 싶은 야수 같은 강한 식욕에 군침을 삼킨다.

굶주린 하이에나처럼 다시 덤빈다. 내 기세에 꺾일세라

나뭇가지에 달린 따끔한 가시도 덩달아 손등을 마구 공격해 온다. 그런데 이 무슨 해괴한 장난인가. 방금까지 눈앞에 보이던 통통한 딸기들이 또 보이지 않는다. 나는 다시 머쓱한 술래가 되어 딸기를 찾아 눈을 이리저리 굴린다. 어! 저기 있다. 눈에 잡히는 잘 익은 산딸기를 향해 깨금발을 딛고 팔을 길게 내밀어 본다. 그랬더니 나무에 달린 가시가 사방에서 내 옷소매 올을 잡아당기며 가로막는다. 보통 성깔이 아니다. 산딸기나무와 한참 동안 실랑이를 하고 나니 지치고 힘이 빠진다.

만만하게 덤벼들었다가 한 주먹 가량도 따지 못한 채 그만 철퍼덕 땅에 주저앉고 만다. 산딸기나무 앞에 나약한 모습을 드러낸 꼴이 되었다. 어떤 때는 당치도 않은 자만으로 자연 앞에서 허세부린 일이 종종 있거늘, 산딸기를 따 먹으려는 마음 역시 마찬가지이다.

풀밭에 털썩 주저앉아 산딸기나무만 멍하니 쳐다보고 있는데 이때다, 장난꾸러기처럼 잎사귀를 머리에 쓰고 환하게 불을 켜고 옹기종기 모여 있는 것이 보인다. 등잔 밑이 어둡다는 말을 실감나게 한다. 앵돌아지듯 자취를 감췄던 산딸기를 본 순간 맥이 쫘~악 빠진다. 천천히 살펴보면 쉽게 딸 수 있는 위치에 있는 걸 미처 몰랐다. 더 멀리 더 높이만 찾아 헤매다 지치고 말았던 게 아닌가. '어리석은 사람은 물 한가운데 서 있어도 항상 목마르다'는 아프리카 속담이 또 하나의 가시가 되어 마음을 쿡 찌른다.

파랑새가 내 마음 안에 있는 줄도 모르고 위로만 쳐다보고 욕심을 부린 모양새와 다를 바 없다. 막무가내 성급한 과욕을 부리며 만족할 줄 모르는 허무맹랑한 욕심은 결국 손등에 따가운 상처만 남겨 놓는다.

욕심을 자제하라며 책이 타이르고 세월이 타이르는 것을 새삼 산딸기나무 아래서 터득을 한다.

잃어버린 장독대

정월대보름 아침에 당신모습을 닮은 장독대를 떠올립니다. 그때, 새마을운동이 한창이던 시골에서는 밥을 동냥하러 다니는 사람들이 있었지요. 보름날이면 그 사람들을 위한 배려로 장독대 항아리 위에다 친정어머니는 양푼에 찰밥을 담아서 놓아두셨습니다.

쌀이 귀하던 시절이라 우리식구가 먹기도 부족한데 장독대에 걸인을 위한 찰밥을 놔두는 어머니가 못마땅했지만 한편으로는 그런 어머니가 인정스럽게 보였습니다. 물론 아버지의 당부가 있어서 하는 일인 줄 압니다. 아버지는 때가 되어 걸인이 집에 오면 어머니더러 밥상을 차려주라고 권하고, 저녁때면 이집 저집 다니는 보따리장사에게도 집에서 자고가라고 하시던 아버지가 싫었습니다. 우리 집에 손님이 오시면 무조건 상 차려오라고 하시고 술 받아오라고 시키는 아버지를 부엌에서 어머니는 속이 없다며 투덜거리는 소리를 듣고 자랐으니까요.

그런데 요즘엔 주거문화가 아파트를 선호하고 서구화된 가옥을 원하면서 장독대 보기가 쉽지 않습니다. 더불어 어머니 세대의 따뜻한 풍습도 하나하나 지워지고 있습니다. 편의위주인 플라스틱문화로 바뀌면서 장을 담그는 일도, 사람들이 모여 김장하는 정겨운 풍습도 점점 사라져가고 있습니다. 현대화된 문화에 몸은 편해도 정신은 더없이 가난해지는 이유가 이런 점에서 오는가 싶습니다. 날마다 깨끗한 행주로 장독을 반들거리게 닦아내며 물을 떠놓고 자식들의 안녕을 빌며 집안의 융성을 바라던 그 장독대가 사라진다는 것은 아무래도 아쉽습니다.

옛날로 돌아가자는 것이 아닙니다. 고유한 전통문화와 정신문화를 유지하면서 현대문화에 접목할 수 있는 길은 없을까 하는 것입니다. 입으로 외치는 웰빙이 아니고 행동을 하자는 거지요. 떡은 왠지 촌스럽다고 생각하면서 생일날은 케이크를 자르고 해피버스데이를 불러야 세련된 줄 착각을 하니까 말입니다.

우리말의 깊은 뜻도 미처 깨닫지 못하는 초등학생에 이르기까지 영어강화정책을 펼치겠다는 오늘의 세태가 어리둥절합니다. 한복이 아닌 양복을 입고 초가집이 아닌 아파트에서 주거생활을 할지언정 한민족의 뿌리는 제대로 살려야 한다고 봅니다. 유목으로 시작된 서양문화는 우리와 분명 격이 다르지 않겠습니까.

아파트생활에 적응을 못하고 우리 곁을 서서히 떠나가고 있는 장독을 열어봅니다. 장독하면 또 눈이 소복이 쌓인 경관이 떠오르지요. 어릴 때 고향에는 겨울마다 많은 눈이 내려 세상이 순백으로 덮여 있었습니다. 새벽에 일어나자마자 하얀 첫발자국을 찍으며 장독대로 달려가 독 위에 쌓여 있는 눈을 자로 재어보면 보통 30cm 쯤 쌓여있었지요.

밤새 눈을 맞은 감나무가지와 대나무가 허리를 굽힌 경건한 모습으로 서있었습니다. 온 세상이 하얀 도화지였습니다. 눈이 온 날 아침은 유달리 포근하고 모든 것이 넉넉해 보였습니다. 가난한 우리들에게 자연은 큰 선물을 주었던 거지요. 꼬리를 쫄랑거리며 따라다니는 누렁이와 복실강아지도 어린 우리들처럼 신이 났습니다. 모든 게 한마당으로 어우러지는 정이 넘쳐나는 문화였기에 없지만 마음이 따뜻했던 시대를 사라져가는 장독대에서 봅니다.

어른들은 며칠 계속 눈이 내리면 땔감도 떨어져가고 쌀독도 바닥이 보인다며 걱정을 하지만 우리들은 상관할 바 아니었습니다. 그저 눈이 좋아 서로 깔깔거리며 눈사람을 만들고 패를 나누어 눈싸움도 벌였습니다. 썰매를 타면서 마을 앞 논귀에서 종일 즐거웠습니다. 양말 틈으로 비집고 들어온 눈은 발을 적시어 동상에 걸린 친구들도 더러 있었습니다. 그러나 동상이 무섭지 않았습니다. 눈이 하얗게 쌓인 우리들의 도화지인데 그 바닥에 우리들만의 그림을 마음껏 그릴 수 있어 좋았습니다. 그 속에는 경쟁도 시기도 없는 그냥 즐거움뿐이었습니다.

요즘 아이들은 눈을 모릅니다. 가방을 메고 이 학원 저 학원으로 돌아다니기 바쁩니다.

눈썰매가 아닌 오락기에 매달립니다. 기계에 매달려 자연의 소리가 아닌 기계음으로 청각이 길듭니다. 자연의 소리는 두루뭉술하지만 기계는 모로 깎은 듯 계산에 밝습니다. 자연과 벗하며 사는 동심과 기계음을 들으며 사는 동심과는 다를 수밖에 없지 않겠습니까. 이런 현상을 시대의 변화라고 하지만 시대의 변화는 사람을 기계문명과 친근하게 합니다.

심심해서 항아리뚜껑이라도 열어보면 그 속에는 하늘을 껴안은 간장이 떠 있었습니다. 구름덩이 같은 메주가 잠긴 항아리도 있었습니다. 나는 그 속에 머리를 숙이고 아! 외치기도 했습니다.

가장 큰 항아리에 장을 담근 걸 보면 장의 요긴함을 알 수 있을 듯했습니다. 하늘과 바람, 동동 떠가는 구름과 그 구름 아래 푸른 산을 다 챙기려면 가장 크고 듬직한 항아리를 어머니는 골라야 했는지 모릅니다. 장맛이 집안을 좌우

한다는 믿음은 지금도 변함이 없습니다. 장맛에 따라 한 집안의 음식맛이 판가름이 난다니 그렇습니다.

장독대는 말이 적고 속 깊고 끈기가 있는 사람을 떠올리게 합니다. 속이 깊기에 타인의 말을 다 받아주고 귀엣말을 지켜줄 신뢰감이 생겨서일까 친정어머니는 정월 초하룻날, 대보름날, 오빠나 남동생 입시가 있는 날은 정화수를 떠놓고 비손을 드렸는지도 모릅니다.

장독대 돌 틈 사이에는 채송화가 피어있고 항아리 사이사이에는 봉숭아가 피어있어 빨간 고추잠자리가 꽃을 찾아 날기도 했습니다. 크고 작은 항아리마다 우리집의 행운이 소복소복 담긴 이야기로 충만한 어머니의 아름다운 공간이었습니다.

장독이 아닌 베란다에서 된장냄새가 풍기는 듯 눈길을 끌어당깁니다. 그러나 지금 내 살림살이에는 그 장독은 떠나고 없습니다. 물행주로 장독을 정갈하게 쓰다듬으시던 어머니의 손이, 장독을 잃어버린 내 가슴속에 애처롭게 파고들 뿐입니다.

4부

구다라를 찾아서

백제인의 역사를 만나러 간다는 생각 때문인지 처음으로 찾은 오사카 칸사이공항 주변은 낯설지 않았다. 이 생각은 여행 내내 남의 나라라는 기분이 들지 않았다. 동양권이라도 중국, 홍콩, 태국, 캄보디아, 싱가포르, 말레시아 등의 분위기와는 전혀 다르다. 마치 호남지역에서 영남지역으로 이동한 듯 머리에서는 경이로움이 아닌 친숙한 물결이 친다.

시차, 기후, 건축물, 도자기, 차 문화, 제사를 지내는 모습이며 사람들의 생김새도 별로 다른 게 없다. 특히 변두리 주택가의 골목길에는 아기자기한 정겨움이 있다. 사라진 유년의 고향을 본 듯하다. 새마을운동이 부흥했던 70년대 초, 자동차가 드나들지 않았던 골목길과 흡사하다. 집집마다 담벼락 사이로 꽃나무들이 어울너울 마주보며 다정하게 속삭이듯 했다.

개발이란 산업화에 잃어버린 옛 향수를 수십 년이 지난 지금, 일본 땅에서 보는 마음이 아스라해진다. 겨우 리어카나 드나들 수 있는 좁은 골목길이다. 이집 저집 얼기설기 엮은 나뭇가지나 탱자나무가 울타리가 되어 그 너머로 오순도순 정담을 나누는 고향의 모습이 스쳐 지나간다. 이웃집 어머니들은 울타리 너머로 시루떡을 주고받으며 정을 쌓았다. 찹쌀로 죽 쒀서 멸치젓 끓인 국물에 고춧가루 넣어 갖은양념 버무려서 알싸하게 담은 김장김치 사발이 오고갔던 훈훈한 시절이 가슴을 쿵쿵 친다.

오사카 변두리는 말할 것도 없다. 오사카 심장부 난바도 이국적이라기보다는 친숙한 곳이다. 우리나라에서 뻗어나간 섬의 일부라고 착각 아닌 착각을 한다. 판이하게 다른 점이 있다면 언어의 차이를 멀미나게 느낄 뿐이다. 따로 공부를 하지 않고는 알아들을 수도 없고 할 수도 없고 쓰기도 힘들다. 말을 들을 때만이 그야말로 타국이다.

언어는 그 나라의 정체성을 나타낸다고 했다. 강약이 없고 간결한 어조로 부드럽게 언어구사를 하는 그들에게서 유연함을 본다. 유연함이란 모든 것을 포장할 수 있는 유들유들함도 내포되어 있다. 이 점을 잘 유도한 그들은 불리할 때는 엄연한 뿌리의 흔적이 있는데도 보드라운 천으로 감싸듯이 감싸버리고 애당초 자기네 문화인양, 역사인양 은근슬쩍 교묘한 술수를 부리기도 한다. 친절하고 청결하며 매너 좋은 그들의 이미지 속에 또 다른 검은 그림자가 있다. 외유내강이나 다름없는 그들의 대인관계에 섬뜩한 전율이 돈다.

고대 백제로부터 일본으로 건너간 불교를 비롯하여 벼농사며 베틀과 대장간, 철기문화, 글을 쓰는 문자며 개 소 말 등의 가축과 그 밖의 문화가 터전을 잡고 뿌리를 내렸다고 안내를 맡아준 홍윤기 교수는 해박한 지식으로 힘주어 말한다.

그러고 보면 한류의 열풍은 그때 이미 시작되었던 것이다. 한민족의 역사와 문화를 감추려 해도 백제인들의 은근과 끈기의 강한 뚝심이 펄펄 살아 숨 쉬고 있는 일본, 오사카는 특히 구다라즉 백제이다. 시내 한복판에'백제대교百濟大橋 백제왕신사百濟王神社'등 1.500년 이라는 오랜 백제인의 뿌리가 뚜렷하게 남아있다.

곳곳에 신당이 모셔져 여기저기서 제사를 지내는 모습을 볼 수 있었다. 백제의 농신農神제사 지내는 한신인장무韓神人長舞는 일본이란 나라가 내 머릿속에서 소용돌이친다. 기록이 잘되어 있고 보존을 유지하며 직업의 귀천을 떠나서 가업을 대대손손 이어간다는 그들의 가치관과 국민성이 멋진 폼으로 홈런을 치며 내 마음에 자리를 잡는다.

백제서 건너온 기원을 잊지 못하는 샤머니즘의 문화가

우리 땅에서는 현대화의 물결에 미신타파로 취급받으면서 맥을 못 추고 있는데 그들은 지금도 그 면모를 유지하며 여기저기 사당을 세워 놓고 제사를 지낸다. '오게 아지매 오.오.오.오. 오게'삐주기 나뭇가지 사뿐히 들고 한신 모시며 제사 지내는'미와산 대신신사'는 가슴을 떨리게 했다.

그렇다고 신사의 나라, 제사의 나라 일본이 부럽거나 일본처럼 쉽게 접할 수 있는 무속신앙이 필요하고 좋다는 것이 아니다. 옛것을 잊지 아니하고 그것을 고스란히 지키고 유지하는 그들의 문화와 정신이 돋보인 것이다.

어릴 적 동네 당산나무 아래서 무녀가 마을의 번영과 안녕을 기원하며 공수하는 모습을 가끔씩 보았지만 지금은 그런 모습이 사라진 지 오래다. 슈퍼마켓이 생기고 마을 사람들의 공동주차장이 되어 자가용이 판을 친다. 그야말로 상전벽해를 실감케 하는 우리 실정이다.

옛 풍습과 문화를 너무 쉽게 버리고 현대화의 물결에 민첩한 반응을 보이며 정신없이 변화만 추구하는 것은 아닌지 아쉬움이 앞선다. 경제에 도움이 된다면 자연훼손쯤이야 문제될 것 없다. 물질적으로 이득이 있다고 판단이 되면 정서적인 감성은 사막이 된다 해도 상관할 바 아닌 것이 우리 실정이다. 포클레인이나 불도저로 산을 파헤치고 바다를 막아 우리나라 지도가 수시로 변경된다. 과거가 현재가 되고 미래가 과거가 되는 것을 망각한 채 그저 앞만 보고 줄달음치는 현실 앞에 수시로 어리둥절하다.

비에 젖은 촉촉한 푸른 나뭇가지가 백제의 혼을 지핀다. 백제인 미마지가 612년(백제 무왕 13년)기악을 일본에 처음 전수했다는 곳'토무대'에서 연주하는 듯 울림이 되어 온 몸을 감싼다.

* 구다라 : 고대부터 일본에서 백제를 '큰 나라' 라고 부른데서 생긴 말이다

철 지난 바닷가

짭조름한 갯내와 파도소리가 있는 철지난 밤바다를 찾았다. 멀리서 어머니의 목소리가 파도를 타고 들리는 듯하다. 한적한 바다는 고향의 논두렁 냄새를 닮았다. 명절에 고향을 찾아 자식들이 한바탕 소란을 떨고 떠나버린 고향마당이 하필이면 밤바다에 떠오를까. 빈 둥지가 되어 고향집에 계시는 부모님 모습이 밀물처럼 밀려온다. 여름은 썰물이 되어 휩쓸려 가버렸나 보다. 뜨거운 냄비처럼 연일 끓어 넘치던 열기도 자취를 감춰 버렸다. 콩나물시루처럼 와글거리던 사람들의 떠들썩함도 볼 수가 없다.

뜨거웠던 여름처럼 그때는 한창이었지. 창날처럼 내리꽂히던 땡볕이 생의 활기처럼 내 가슴에 콕콕 박히기도 했다. 그 불볕 화살을 맞으면서 끓는 듯한 모래밭을 맨발로 거닐

어보며 낭만을 즐길 수도 있었다. 낭만적인 개성파는 여름의 불빛을 좋아하리라. 지글지글 달아오르는 햇볕아래 알몸으로 눕고 싶은 유혹이 일렁거리는 백사장에서 나는 고갱의 그림을 연상하며 모델이나 된 양 폼을 잡기도 했던 그때가 언제였던가.

철 지난 바닷가에 와 서 있다. 세월을 어찌 빗겨갈 수 있겠는가. 비키니가 아닌 원피스 차림의 수영복도 감사할 뿐이다. 젊은 혈기마냥 지칠 줄 모르고 용광로의 불꽃인양 활활 타오르기만 할 것 같던 여름이 시나브로 아침저녁으로 옷깃을 여미게 한다. 환절기는 몸과 마음이 혼란스런 과도기일까. 여름과 더불어 내 생기도 수그러지는지 삶의 윤기가 사라지는 느낌도 든다. 건조해져가는 감성에 촉수를 꽂고자 그이와 함께 찾은 해운대해수욕장이다. 백사장 한 쪽엔 못다 핀 꽃처럼 애환이 어려 있는 듯 어느 무명가수가 간단한 음향장치를 해놓고 기타를 치며 애끓는 목소리로 노래를 부른다. 그리움을 삼켜버린 듯 애잔함이 녹아있는 무명가수의 노래는 깊숙이 저장되어 있는 추억의 열매를 입맛 다시게 한다.

무명가수가 부른 조용필의 '단발머리'에 구경꾼들은 손뼉을 치며 노래에 흥을 돋운다. 노래는 분위기에 따라 위력을 보여주는 걸까. 학창시절 친구들이 떠오른다. 까만 눈썹에 기타를 칠 줄 알았던 경자, 광숙이, 순덕이……. 손뼉을 치면서 깔깔거리며 곁에 있는 것만 같다.

그 시절 친구들과 어울려 음악다방에 찾아가 DJ에게 신청곡을 청하여 들었듯이 무명가수에게 총각시절 남편이 좋아했던 노래를 신청했다. '커피 한 잔을 시켜놓고 / 그대오길 기다려요. / 내속을 태우는구나.'절도 있고 패기 왕성한 하얀 제복의 생도였던 그이의 가슴도 누군가 애태웠을지도 모른다.

여름이 지고 있는 백사장에는, 약속이나 한 것처럼 한 세대를 살아가는 비슷한 연배들이 모인 곳이다. 정서가 맞아떨어지는 추억의 자리이기도 하겠다. 세월의 흔적이 새겨진 사람들의 얼굴이 애틋하게 보인다. 미소를 띤 사람이 있는가 하면 현실을 잊어버린 듯 환한 웃음으로 신나게 노래를 따라 부르는 사람들도 있다. 표정은 각자 다르나 마음은 남이 아닌 모두가 하나 되어 물결처럼 수런수런 몸을 좌우로 흔든다.

잔수름 신 얼굴들, 한여름 밤의 열기처럼 열정적으로 살았을 것이며 때로는 지치기도 하고 때로는 최고의 기쁨도 맛보았을 것이다. 팽팽했을 얼굴에 늘어나는 실오라기 같은 주름은 이웃을 사랑으로 대할 줄 아는 연륜의 계급장과 같다.

잘난 사람도 없고 못난 사람도 없는 똑같은 사람들이라며 어린 밤바다를 건들바람이 훑고 지나간다. 낯선 사람들이지만 서로 마주치는 눈길에 미소를 보낸다. 음악이 있고 추억이 있는 자리가 하나로 만든다. 어둠으로 밀려있던 사물이 새삼 제 본래의 빛깔을 드러내는 걸까. 주위가 갑자기 환하게 밝다는 느낌조차 든다.

초록에 열광한 듯 젊은 혈기에 몰입되었던 지난날의 그림자도 보인다. 피아노 레슨을 하면서 허영심에 들뜬 공주처럼 손을 열심히 가꾼 덕에 손이 곱고 부드럽다는 칭찬을 자주 들었다. 그때마다 속으로 교만을 떨면서 우연히 손이 거친 사람을 대하면 위아래로 훑어보며 문화생활과는 먼 사람처럼 여기며 거드름을 피웠던 것에 얼굴이 붉어진다. 흰머리가 듬성듬성 나와 있는 지금은 고운손도 예쁘지만, 굳은 일도 마다않고 열심히 일하면서 살아가는 거친 손이 아름답고 그 손길에 따스한 마음이 오롯이 간다.

그러고 보면 한때 좋았던 시절의 청춘만 그리워할 것이 아니다. 나무들을 보면서 배운다. 여름날 시퍼런 나무 잎에서 청춘을 느낄 수 있어 좋았지만 자기의 몫을 다하고 본연의 색깔로 돌아가는 가을 나무는 중년의 원숙미로 마음을 사로잡는다. 몫을 다해내지 못했다할지라도 그 부족함에 자신을 돌아보고 오던 길 돌아가려는 준비로 겸허한 아름다움을 지녔다. 가을 나무는 완숙과 겸허의 미덕을 지니었다. 나무는 말없는 가운데 많은 생각을 하게 한다. 겨울나무는, 눈꽃으로 겨울의 온기를 느끼게 하는 은근한 인고를 놓칠 수 없다.

폭염 같은 청춘이 지나간 여름밤의 백사장에 발자국을 찍는다. 발자국은 또 다른 발자국에 찍히며 사라질 것이다. 내 발자국 흔적을 파도가 쓸어가고 있다. 여름이 그렇게 가고 있다.

달도 가을이다

가을이 내게 준 선물은 내 안을 채우라는 보이지 않는 어떤 당부 같은 것이다. 멀리 있는 것보다 가까이 있는 것에서 먼저 느끼고 생각하라는 내용이 보인다. 그런 소리에 떠밀려 시장으로 나가본다. 시장가는 길목은 아파트 단지가 아닌 연립단독주택가 재개발지역이다. 나이 드신 분들이 주로 살고 있다. 전깃줄에 앉은 제비처럼 오밀조밀한 주택들은 서민들의 생활상을 보여주는지 어쩌다 영화촬영의 소재가 되기도 한다.

벽은 물론 서로의 허물도 없이 이집 저집 문을 터놓았다. 가진 것이라곤 빈 바람벽만이라는 암시라고나 할까. 감출 것도 없고 드러내놓을 것도 없는 활짝 열어놓은 문을 통해 나는 도둑고양이처럼 호기심어린 눈빛으로 살짝살짝 안을 엿본다.

아파트 구조와는 다른 모습이 거기 있다. 거실도 없고 안방도 따로 없다. 문 하나만 열면 부엌이고 그 옆은 올망졸망 살림살이가 있는 좁은 방이다. 출입구 앞에 놓인 낡은 고무 물통은 화분으로 변장하여 고추가 주렁주렁 매달려 빨갛게 익어가고 있다. 토란이며 배추 파 채소 등 별별 채소와 꽃나무들이 크고 작은 용기에서 튼실하게 자라고 있다. 그들의 소박한 꿈을 보는 듯하다.

허술한 화분이라도 계절은 마다하지 않는다. 계절처럼 공평한 것이 어디 있겠는가. 싹이 트고 꽃이 피고 열매를 맺는 상자 안의 계절이 풍성하다. 재활용으로 화분이 된 생활용기, 그 속에서 자란 야채와 꽃나무들이 벌거숭이 친구처럼 친숙하며 다정하다. 호화로운 주택 안에 잘 가꾸어진 정원수보다 조미료가 첨가되지 않은 담백한 맛처럼 멋을 볼 수 있다. 세련된 의상과 도회적인 화장으로 포장을 한 여인이 아니라 밭에서 일하다 해거름녘에 바구니를 머리에 이고 집으로 돌아오는 여인의 가식 없는 삶과 닮은꼴이다.

그 분위기는 백화점이나 할인마트가 아닌 재래시장을 떠올린다. 대형마트는 사무적이고 질서정연한 분위기가 풍기는 곳이라면 재래시장은 소박하고 질펀한 밑바닥의 사람냄새가 배어있다. 대형할인마트는 사시사철 일사불란하게 규격화된 코너에 상품으로 진열되어 있는 과일이며 곡식들은 계절 감각을 무디게 한다. 어제가 오늘 같고 오늘이 내일 같은 지루함이 나열되어 있다. 유니폼을 입은 모조품 같은 친절함도 빛이 바랜 색깔처럼 그다지 마음을 끌어당기지 못한다.

그러나 재래시장은 다르다. 곱고 번지르르한 과일도 상점에 진열되어 있지만 농부의 주름살을 닮은 제철의 과일들이 리어카나 한쪽 길모퉁이에서 찾아줄 새 주인을 기다리기도 한다. 시장상인들은 성별이나 연령층이 따로 없이 각자 편할 대로 입은 옷차림과 격식 없는 투박한 말투는, 억세게 자란 들풀처럼 생동감을 느낄 수 있어 좋다. 물건 한 개라도 더 팔아보려는 상인들의 의욕이 나에게도 전염이 되는지 느슨해진 몸이 덩달아 활기차다.

산다는 것은 시장처럼 다양한 모습으로 시끌벅적하고 치열하다. 시장 한 귀퉁이에는 할머니가 도토리를 주워 손수 만들었다며 삐틀삐틀하게 자른 도토리묵도 나와 있다. 그 옆에서 칼국수 냄새가 주린 배를 유혹한다. 유년의 시골집과 이웃집 아주머니의 모습이 겹쳐진 장면이다. 어릴 때 고향에서는 주로 가을이 되면 붉은 팥을 삶은 팥물에다 밀가루 반죽을 하여 방망이로 쓱쓱 밀어 칼국수를 넣고 팔팔 끓여서 소금이나 설탕으로 간을 하여 먹었다. 그런데 도시생활을 하면서 고향정서는 도시의 바람에 날아간 듯 다 떠나고 없다.

물질이 가난하던 시절, 쌀이 풍족하지 못해 꽁보리밥과 잡곡밥을 해먹었고, 수수죽이며 보리개떡을 만들어먹었던 음식들이 지금은 웰빙식품이란 이름으로 호들갑을 떤다. 어머니의 손으로 빚은 것이 좋은 피가 되는 건강식품이었음을 뒤늦게 깨닫는다. 그 시절이 그리운 날은 시장에 나가 이것저것 눈요기를 하는데 요리에 자질이 부족한 내 손으로는 아무래도 어머니의 손맛을 나타낼 재간이 없다. 누렇게 익은 호박을 따다가 팥을 넣고 쌀가루를 풀어 만들어 주시던 호박죽, 식구들이 오순도순 마루에 둘러앉아 저녁을 먹을 때는 추녀 끝의 달도 유달리 둥글고 밝았다.

그러나 지금은 사정이 다르다. 돈만 쥐고 나가면 언제 어디서건 맛을 볼 수 있는 서구화된 간편한 음식들이 판을 친다. 어릴 때의 그리움을 세균처럼 파먹고 있다. 가슴에 구멍을 뻥 뚫어놓는 느낌이다. 풍부한 물질 속에 정신적 빈곤은 현기증을 일으킨다.

허기진 그리움의 갈증을 달래보려고 밀어놓은 손칼국수 한 묶음과 팥을 샀다. 어느새 집으로 향한 발걸음이 가볍다. 그때 우리 어머니도 가족을 위해 음식 만드는 마음이 이랬을까. 어머니가 하시던 기억을 더듬으며 그대로 만들어 보았다. 용케도 팥물과 칼국수의 비율이 조화를 이루었는지 어머니의 손맛을 다소나마 느낄 수 있어 잃어버린 입맛을 되찾은 기쁨에 짐짓 흐뭇해지기도 한다.

열린 창문 사이로 바람이 불어온다. 잊고 있었던 가을이란 생각이 마음을 넉넉하게 한다. 고개를 갸웃거렸더니 둥근달이 빙그레 웃고 있다. 달도 가을이다.

천지는 내 안에

백두산 천지를 찾아가는 길에서 만난 연길 땅 소달구지 풍경이 정겹다. 초가지붕 마당에 노닐고 있는 닭들이 그림처럼 한가롭다. 굴뚝에선 밥 짓는 연기가 하늘거린다. 새삼 배가 출출하다.

60년대 말 무렵의 우리나라 농촌풍경을 생각하는 동안 차는 또 어디론가 달린다. 이국 땅 시골길을 달리지만 어느 길목에서 코흘리개 동네친구들이 큰 소리로 이름을 부르며 금세 튀어나올 듯하다. 그 동안 바람처럼 사라져버린 고향의 옛 필름을 다시 보는 것 같다. 연길에서 고향의 이모 저모와 만난다는 게 이웃처럼 반갑다. 되돌아볼 사이도 없이 서구문화에 물들어버린 마음이 내 안에서 촉촉하게 젖는다.

도로 양쪽에서 자작나무가 우리 일행을 반긴다. 백두산이 가까워졌다는 말이 들린다. 구중심처가 아니면 자라지 않는다는 이 나무는 전생이 있다면 몸매가 팔등신으로 희고 고운 살결을 지닌 여인이었을 게다. 넘치는 매력을 지녔으되 철모른 아가씨였을까. 오월의 초입이건만 연두 빛깔이 보일 기미가 없다. 늘씬한 몸매와 쭉쭉 뻗은 나뭇가지 사이로 소나무 바늘잎 같은 바람만 서늘하다. 자작나무의 행렬을 뒤로하고 한참 차가 달리자 갑자기 빗물이 쏟아진다. 왜 이제 오느냐는 듯 우리 일행을 태운 관광차 차창을 두드린다. 만나고 보내는 아쉬운 정을 그렇게 인사를 하는가 보다. 차에서 내리자 이번에는 눈보라가 휘몰아치는 엄동설한이다. 남북한 냉정상태의 기류이다.

백두산, 화산 폭발로 덮인 회백색의 부석浮石이 얹혀 있으므로 마치 흰머리와 같고 8개월 이상 눈이 덮여있어 백두산이라고 한다는 가이드의 안내가 설득력 있다. 우리 땅이건만 중국을 거쳐서 가볼 수밖에 없는 백두산이다. 차에서 내리자 백두산이 아닌 장백산이란 푯말이 보인다. 눈이 멈칫거린다. 중국에서는 백두산을 장백산이라고 지칭한 줄 이미 알고 있었지만 막상 눈으로 보니 내 밥상을 누군가 차지하고 있는 기분이다. 앞에 차려진 밥상을 어떤 얌체가 가로채갈까 싶어 속으로 중국의 장백산이 아니고 우리의 백두산이라며 힘을 주어본다.

백두산은 기이한 용암으로 이루어진 돌기둥의 절리들로 감탄사를 연발하게 한다. 신의 조화일까. 하늘에 닿을 듯이 높고 장엄하게 뻗은 가파른 암석들의 기개가 삼라만상을 제압할 기세다. 장엄이란 단어를 눈으로 실감한다. 나는 어느새 솟구치는 산세의 강한 기운에 압도당한다. 감히 사람과 비교할 바 아니지만 굳이 해본다면 한라산은 섬세하고 잔잔한 여성스러움을 지녔다면 백두산은 카리스마가 넘치고 근육질이 강한 남성미가 풍긴다.

민족의 정기를 거침없이 품어내는 산. 그래서일까 문득 백두산의 신화가 떠올라 떨떠름하다. 아무리 신화의 발생이 허무맹랑 하다하지만 탐탁지 않다. 그 누구도 쉽게 범접할 수 없는 성스런 기품과 위엄을 지니고 있는 한반도의 발상지이거늘, 단군보다 훨씬 전에 거인이 있었는데 그 그늘 때문에 곡식이 되지 않아 만주로 쫓겨 가다가 배가 고파 흙을 먹고 바닷물을 마시며 쏟아놓은 배설물이 백두산이 되고 압록강이 되었다는 설화는 한반도의 영신을 가당찮게 폄하하는 듯하여 마음에 걸린다.

휘몰아치는 눈보라를 맞으며 천지를 찾아 걸어가는 길은 어렵고 험한 인생의 여정을 연상시킨다. 힘들어 주저앉고 싶다는 생각이 들 때면 산의 위대함에 경의를 표하며 힘을 준다. 정상을 향한 도전의식은 희비의 엇갈림처럼 수시로 교차된다.

가파른 계곡을 힘겹게 걷다보니 꿈속인양 하얀 터널이 나온다. 또 다른 세상을 맞는 맛이다. 눈 터널을 걸어 갈 때는 요술공주가 된 느낌이 들어 고단한 걸음이 즐겁다. 동화 속을 거닐고 있는 것처럼 신비롭다. 양 옆으로 키를 훨씬 넘는 좁은 솜사탕 같은 눈의 벽이 하늘을 지붕으로 삼는 터널을 이루었다. 유년시절 불렀던 〈꼬마 눈사람〉을 흥얼거리면서 동심으로 돌아간 나는 앞에 가는 학우들께 눈뭉치를 던지며 장난을 친다. 이에 질세라 중년이란 나이도 잊은 채 개구쟁이가 따로 없다. 내게로 눈뭉치가 날아온다. 그저 즐거움 속에 푹 빠져든다. 눈꽃 터널은 힘들게 여기까지 온 보상으로 백두산이 준 특별한 선물이다.

눈 터널을 빠져나오자 비룡폭포(장승폭포)는 산수화의 장관이다. 자연만이 지니는 신비와 힘은 아무나 쉽게 흉내내지 못할 것이다. 이렇게 아름다운 면모를 갖추기까지는 자연인들 어려움이 없었겠는가. 모진 풍상에 무너지고 깎이고 갈기갈기 찢어지고 떨어져나가는 아픔을 겪고 얻어낸 인고의 결과일 것이다.

비경 뒤에는 또 하나의 난코스가 버티고 있다. 급경사로 된 천 개가 넘는 계단을 올라가야만 한다. 관광객들을 배려하여 가파른 산을 계단으로 만들어놓았다. 지붕처럼 씌워진 채 사방이 꽉 막힌 수백 개의 계단을 앞만 보며 기다시피 걸어서 통과해야 천지와 만날 수 있다. 이쪽은 바람이 많이 불어 사고가 잦아 터널처럼 지붕을 씌웠다고 한다. 정상의 자리가 쉽지 않다는 것을 계단이 재인식 시킨다. 계단 하나하나가 빙판이니 위태롭다. 미끄러질까봐 긴장이 된다. 그러나 짜릿한 스릴이 있다. 스릴은 도전이며 삶의 가치를 알게 한다. 힘든 인생살이가 그 도전 속에 있으리라.

드디어 아슬아슬한 터널을 빠져나와 정상에 섰다. 그런데 천지가 보이지 않는다. 일 년에 이십여 일정도 천지가 모습을 드러낸다는데 냉정하게도 보여주지 않는다. 그저 평지이다. 힘들게 올라왔던 정상이 허무하다. 천지 사방이 구분도 안 되고 눈이 쌓인 얼음판 위에 서 있을 뿐이다. 천지를 밟고 서 있으면서 천지가 보이지 않는다고 우리 일행들은 허망해하면서 아우성을 친다.'천지가 어디 있냐고?'천지는 기가 막히는지 살점이 떨어져나갈 것 같은 매몰찬 눈보라로 귀를 때리며 타이른다.'천지가 바로 눈앞에 있다.'고 있는 힘 모두 소진하며 정상에 올라왔건만 보여야 할 것이 보이지 않았다.

천당과 지옥도 내 마음 안에 있다며, 인생이란 고작 한 세기 생애에 희로애락을 싣고 각축을 다투다가 한 움큼 부토로 돌아간다는 일침을 천지 안에서 새삼 되새긴다.

백두산의 천지는 무소유의 삶을 배우라고 한다. 있으되 보이지 않는 천지를 향하여 크게 심호흡을 하면서 천지는 내 안에 있다고 자신을 타이른다.

시간도 멈춘 듯한 어느 봄날

소설가 고금란 댁으로 화전놀이 가자는 문자가 뜬다. 천 평 남짓한 땅에 자연을 그대로 살린 고등골* 운치를 벚꽃놀이 삼아 즐기자는 내용이다. 문자를 읽는 순간 몸과 마음이 짜릿해진다.

하루하루 정신없이 지나가는 시간이거늘 '화전놀이'란 생각으로 갑자기 마음에 여유가 생긴다. 미세먼지나 황사를 동반한 오염된 공기 속 도시를 벗어나 자연과 함께할 생각만으로도 들뜨는 일이다. 나무토막처럼 굳어 살던 가슴에 웃음꽃이 핀다.

승용차는 일행들을 태우고 봄바람을 가르며 경부고속도로를 달린다. 동백 개나리 벚꽃이 속을 환히 내보이는 가로수 길이다. 차창 밖 봄꽃들의 잔치를 바라보며 덩달아 일행도 봄꽃이 된다. 칠공팔공7080의 분위기가 차 안에 무르익는다. 준비해온 커피며 견과류를 손에 쥐여 주는 모 시인의 손길이 민들레꽃을 닮았다. 고속도로를 한 시간 넘게 달려 도착한 고등골에는 여성 문인들이 스무 명 넘게 이미 모여 있다.

흐뭇하다는 표현이 딱 어울리는 봄날이다. 햇살 가득한 뜰 군데군데 자리 잡은 나무의자가 편안하다. 누구라 할 것 없이 수다쟁이 소녀들처럼 서로 마주보며 경쾌한 목소리로 웃음꽃을 피우며 속을 끄집어낸다. 그 웃음 속으로 배출되지 못한 불순물이 몸속에서 빠져나가고 비워진 마음 안에 사랑만 넘실거린 듯 정겹다. 서울서 달려온 강 모 시인 등은 앉지도 않고 서서 얼쑤 들썩 수양버들처럼 늘어진 유행가 가락을 풀어낸다. 수다쟁이들도 덩달아 '봄날은 간다.~'라며 노래를 따라 부른다. 땅 언저리에서는 수선화 제비꽃 진달래가 산골 처녀처럼 수줍듯 웃고 있다. 사람이 자연이고 자연이 사람인 곳. 일부는 둔덕에서 쑥과 나물을 캐는가 하면 일부는 거실과 부엌에서 음식준비에 바쁘다. 모처럼 맡는 풀냄새 흙냄새 꽃향기를 닮은 주방에서는 음식 냄새가 미각을 자극한다.

노는 사람 따로, 일하는 사람이 따로, 있는 것도 아닌데 덩달아 쑥을 캐러 나섰다. 쑥을 품고 있는 흙냄새가 도시에 찌든 콧속을 헹궈낸다. 어릴 적 익숙했던 냄새를 맡으며 자연 속에서 쑥을 캐고 있는 순간이 힐링이며 웰빙이다. 마음 한구석에 쌓여 있던 사람과 사람들 사이에서 걸러지지 못한 감정 또한 심호흡 속에 빠져나간 걸까 개운하다. 햇볕을 등지고 고등골 지천에서 원추리, 냉이, 돌나물 등을 캐는 그녀들의 모습이 한 폭 수채화로 펼쳐진다. 두둑하게 캔 쑥으로 쑥국 끓여서 식구들과 함께 먹을 생각에 행복이란 글자가 떠오른다. 행복이란 이렇게 소박한 쑥국 맛 속에 곁들어 있는데 자꾸만 높고 화려한 곳에서만 찾으려 헤매느라 일상이 피곤하고 잡다하다. 지인들과 차 한잔할 여유도 좀체 생기지 않는다. 분주했던 시간을 돌아보면 기쁨도 없고 충만함도 없는 무미건조한 가운데 되레 부족함으로 끝없이 앞을 향하고 있는 격이다. 꽃잎 떨어지듯 건강했던 사람이 하루아침에 저세상으로 가는 걸 주위에서 가끔 보면서도 나와는 상관없는 일처럼 무언가를 늘 붙잡으려고만 한다.

어디서나 말없이 희생하는 사람들이 있어 그 자리가 빛이 나듯이 부엌에서 열심히 음식을 장만하여 거실 가득 26인분의 상을 차려놓고 흩어져 나물 캐는 사람들을 불러 모은다. 밖에서 친구들과 뛰어놀던 나를 향하여 밥 먹으라고 부른 어머니의 모습처럼 그 손길과 마음이 감동으로 와 닿는다. 차려져 있는 음식들이 전문 한식식당 못지않게 종류도 다양하고 입에 착착 달라붙는다. 특히 내 시선을 끌어당기는 음식은 진달래꽃 수를 놓아 노릇노릇 잘 지져진 화전이다. 지난 세월을 품은 멋과 맛이 곁들어 있다. 화전 속에 어머니가 있고 코흘리개 친구들이 있으며 고향의 뒷동산이 여울을 이룬다.

봄날의 화신인양 여성문인들은 막걸리 사발그릇을 들고 건배를 외치면서 이런저런 일상을 깡그리 잊은 채, 화전놀이 속에 시간도 잠깐 멈춘 듯하다.

낙화하는 산 벚꽃 따라
한 무더기 웃음꽃 피는
봄 먹은 하루,
보약 사발에 어찌 견줄 수 있으랴.

*고등골: 울산 울주군 언양읍에 있는 지명.

사과 심지

앙상한 사과의 깡아리를 보고 있다. 살은 다 뜯기고 뼈대만 남은 것이 하얀 접시에 그림처럼 담겨 있다. 발그레한 빛깔과 사각거리는 단맛이 입에 군침을 돌게 하던 사과는 이미 아니다. 달콤한 맛에 끌려 살을 베어 먹는 사이 그만 뼈대만 남은 미라가 되었다. 어느 박물관 전시실에서 본 미라가 떠오른다. 살점과 물기라고는 한낱도 볼 수 없는 피골이 상접한 미라였다. 그런데 하필이면 사과심지인가.

저녁놀이 깔린 하늘을 보는 맛이 사과밭에 있었다. 가을 사과밭은 붉은 저녁놀을 옮겨놓은 거나 다름없는 아름다운 풍경 속에 사과향기를 품어낸다. 저녁노을이든 사과든 그 운치는 서로 같은 것이라며 즐거워했다. 그렇게 보니 노을 속에 사과밭이 있다. 저녁놀을 보는 시각과 후각체험을 사과밭에서 한다며 어둠에 잠기기 전의 놀빛에 시선을 멈춘다. 붉은 노을이 차차 사라지고 검은 구름의 띠가 노을이 타오르던 자리를 차지했다. 그 형상이 사과심지 같은 미라를 떠올리게 한다. 나는 또 하나의 기억을 찾는다.

갈비찜을 먹을 때였다. 뼈에 붙은 살을 발라먹느라고 뼈를 움켜쥐고 이빨로 갉았다. 뼈가 하얗게 드러나는데 에누리 없는 식탐처럼 뼈를 입안에 넣고 쪽쪽 맛을 보았다. 다 발라먹고는 착착 달라붙는 입맛이 달아 살은 물론 치아 흔적 하나 뼈에 남기지 않았다. 사과를 먹고 났을 때와는 달랐다. 뼈는 뼈대를 세운다고 하지만 살이 남아 있지 않는 뼈는 말 그대로 백골이었다.

그런데 사과심지는 달랐다. 사과는 제 몸의 가장 중심 자리를 단단하게 다져 그 속에 까만 씨앗을 품는다. 씨앗을 보호하고자 단맛보다는 시큼한 맛을 내어 사람의 치아가 닿지 못하게 단단한 우리를 친다. 사각거리는 연한 살을 맛본 사람은 심지부분의 텁텁한 맛에 입을 대지 않는다.

그 속에 까만 씨앗이 자리 잡고 있다. 씨앗을 지키고자 단맛보다는 시큼한 맛을 내어 맛없는 부분에 입을 대지 않게 하는 지혜를 안다. 씨앗은 땅으로 돌아가 다음 사과세대에게 대를 물린다. 사과든 길가의 한갓 보잘 것 없는 풀씨든 종족 보호본능은 아름답다. 언젠가 남해로 문학기행을 가서 보았던 천수답이 사과심지 속에서 보인다. 내 생각은

줄곧 사과에 있었던 것 같다.

유년시절 친정아버지께서는 천수답은 팔기 위해 내놓아도 부치기가 힘에 겨워 말을 거는 사람이 쉽게 나타나지도 않아 주인이 바뀌지 않는다고 하셨다. 그것이 때로는 씨종자가 되는 역할을 한다. 천수답이 제답祭畓 된다는 말을 들어보아도 그다지 틀린 생각은 아닌 듯하다.

사람의 경우인들 이와 그다지 다를 바가 없다. 지금이야 전문적인 농업으로 상황이 많이 바뀌었지만 전에는 가방끈이 짧은 자손이 고향을 지키고 조상 모시는 일을 떠맡으니 그렇다. 똑똑한 자녀는 유년의 터를 떠나 도시로 나가 공부를 하고 성장을 하면서 도시의 급물결 속에 고향을 돌볼 마음의 여유마저 잃어버리기 일쑤다. 그러나 유독 형제애가 강하고 이기적이지 못하며 우직스런 자녀는 그곳에 남아 농사를 짓고 조상을 섬기는 궂은 일, 좋은 일의 치다꺼리는 도맡아한다.

사과에 찍힌 치아자국을 다시 보면서 다 쓰러져가는 시골 어느 초가지붕을 닮았다는 느낌도 든다. 덩달아 고향의 당산나무, 돌담길, 원두막이 떠오르고 멱 감고 천렵을 하던 코흘리개 동무들이 왁자지껄하게 달려오는 환상에 잠긴다. 쓰레기통에 그냥 버려질 사과심지, 추억의 안개 같은 영사막이 된다는 생각을 하면 조금 실없고 어리둥절하기도 하다. 하지만 그런 생각의 줄기들이 사과심지를 닮아 갖가지

소재로 다시 태어나는지도 모른다.

하얀 사과 심지의 빛깔이 어느새 거무스레한 빛을 띤다. 썩은 밀알이나 다름없게 될 사과심지, 역사란 사과 심지 같은 것에 의하여 오늘이 있고 내일이 있으리.

엿 먹어라

벚꽃이 피는가 싶더니 바람결에 흩날린다. 설렘만 남기고 금세 떠나가는 무정한 사람 같다. 사라져 가는 꽃잎을 따라 걷고 싶은 마음을 접고 집에 눌러앉아 대청소한다. 떨어지는 꽃잎도 청소기 소리도 무심한 듯 대학졸업을 앞둔 아들은, 진로를 놓고 고민하는 모습이 역력하다. 대학원 진학을 바라는 엄마의 마음은 아랑곳하지 않는다. 취업을 준비하겠다고 한다. 신세대답게 실속형이다. 하기야 박사학위를 받아놓고도 취업이 힘든 5포 세대(연애. 결혼. 출산. 내 집 마련. 인간관계)가 아닌가. 박사가 되었다고 앞날이 보장된 것도 아니다. 차라리 일찍 취업 전선에 발을 딛는 것이 현명할 수도 있다.

몇 시간 째 두문불출 책상에 앉아 공부하고 있던 아들이 거실로 나오자마자 나는 '아들아 엿 먹어라.'며 냉동실에서 엿을 꺼내어 권한다. 냉장고 속에는 과일과 군음식이 자리를 차지하고 있다. 그런데도 아들이 선호하는 식품과 상관없이 대뜸 엿부터 내민다. 쌀, 생강, 엿기름 콩가루 등 주재료인 엿이 감기 예방에도 좋아서이지만 무엇보다 지금의 막막함이 달콤함으로 변하길 바라는 엄마의 심정일 게다. 달콤함을 말할 것 같으면 모양도 가지각색이고 맛도 다양한 초콜릿이 있다. 초콜릿은 성형미인 같은 멋과 맛을 지녔다. 여기에 비하면 엿은 시골 처녀의 자연미를 연상케 하는 단순하고 소박한 맛이다. 간편식에 길들고 섹시를 선호하는 신세대들에게는 푸대접받기 일쑤다. 그런데도 아들에게 '엿 먹어라.' 한다. 초콜릿 사랑처럼 쉽게 얻고 쉽게 사라지고 일확천금을 노리는 것보다, 성실함과 정성과 노력으로 열매가 맺어가길 바라는 엄마의 염원이 엿 속에 끈끈하게 녹아 있다.

일부 사람들은 상대가 가당치 않은 말을 하면 '듣기 싫으니 엿이나 먹어라'는 식으로 엿을 빗대어 비아냥거린다. 나는 그런 사람을 보면 눈길도 주기 싫다. 전통방식으로 힘들게 엿 만드는 과정을 알면 그따위 비속어로 사용하지 못할 것이다.

특히 담양 창평 쌀엿은 조선 시대 양녕대군이 낙향하여 담양 창평으로 돌아와 있을 때 동행한 궁녀들이 전수했다던 수작업으로 만든 귀한 전통 엿으로 유명하다. 시집간 딸에게 엿을 이바지 음식으로도 보내고 지인에게 선물로도 보낸다. 어렸을 때부터 고향에서는 명절날이 돌아오면 이 집 저집에서 엿 만드느라 분주했다. 깨끗하게 씻은 쌀을 시루에 얹고 장작불을 지펴서 고두밥을 짓는다. 가을부터 미리 준비해 둔 엿기름을 물에 넣고 박박 주물러 가며 여러 번 체에 걸러 놓은 맑은 물을 60도로 맞춰둔다. 커다란 독에 밥과 엿기름물과 뜨거운 물을 넣고 잘 섞어준 후 따뜻한 방에서 9시간 정도 삭힌다. 다 삭힌 것을 천에 담아 엿물만 따로 짜내어 센 불에서 2시간 30분 정도 살살 저어가며 끓이면 묽은 조청이 된다. 그러고 나면 어깻죽지가 빠져나갈 것처럼 아프다는 옆집 기용이 어머니 말씀이 저며 온다. 이렇게 만들어진 엿 덩어리를 둘이서 호흡을 맞춰가며 잡고 늘렸다 접기를 100여 차례, 마침내 하얀색의 쌀엿이 제 모습을 드러낸다.

늘렸다 접기를 할 때는 둘이서 호흡도 잘 맞아야 한다. 울퉁불퉁 마음이 불편할 때는 소통이 차단된 듯 엿도 공기구멍이 막혀 바삭거린 고유 맛을 잃는다. 앙숙 같은 고부지간에도 엿을 만들 때는 미움도 엿기름에 녹아내려야 한다. 고됨도 분노도 걸러내며 만들어진 엿을 어찌 비아냥거리며 '엿 먹어라.'할 수 있는가. 가당찮다.

소위 치맛바람이 불기 시작한 때 1965년도 중학교 신입

생을 선발하는 시험 문제 가운데 엿과 관련된 문항이 있었다고 한다. 엿기름 대신 엿을 만들 수 있는 재료가 무엇인지 하는 문제였는데 정답은 '디아스타아제'였다. 그런데 문제의 보기 중에 '무즙'이 들어 있었다. 무는 디아스타아제가 들어 있고, 무즙으로도 엿을 만들 수 있었기 때문에 무즙 역시 정답이 될 수 있다는 문제가 발생했다. 그렇지만 문교부(현재 문화체육관광부)에서 무즙을 오답처리하자 무즙을 정답으로 써서 낙방한 학생들의 학부모들이 심하게 항의를 했다. 문제 하나가 당락을 좌우할 만큼 입시경쟁이 치열했기 때문이다. 학부모들은 무즙으로 엿을 만들어 관련기관을 찾아다니며 시위를 벌였다. '엿 먹어라. 무로 만든 무엿 먹어라' 중학교 입시문제 하나로 온 나라가 뒤집힌 것이다. 결국 입시당국은 무즙을 정답으로 처리했다. 이에 따라 당시 최고의 명문인 경기중학교는 정원과 관계없이 많은 신입생을 더 받아들였다고 한다. 이때부터 '엿 먹어라'는 '혼 좀 나봐라'는 뜻으로 쓰이게 되었다고 한다.

지금도 흔히 당리당략으로 싸움질만 하는 정치인들에게 손가락질하면서 '엿 먹어라.'라며 퇴박하는 걸 볼 수 있다. 아니 될 말이다. 무속에는 디아스타아제가 들어있다는 것도 모른 채 오답 처리한 우둔한 관계자들 때문에 말을 오염시킨 자들이나. 거짓말을 밥 먹듯이 하는 정치인들은 애당초 엿을 먹을 자격이 없을 터. 공들여 만든 전통 건강식품을 짓밟은 격이다. 저승에서 양녕대군이 저승사자가 되어 쫓아 올지 모른다. '건강식 참살이 엿 드십시오.' 라고 하라며.

냉동실에 보관중인 담양 창평 전통 엿을 꺼내어 먹는다. 수작업으로 힘들게 만들었던 과정의 시간이 단맛으로 와 닿는다.

시대 흐름을 넘나든 골목

코흘리개 친구들끼리 뛰어놀았던 해질녘 골목이 아니다. 칵테일 위스키 커피 자개장이 어우러진 샹송이 흘러나오는 오리엔탈 바(Bar)에 앉아, 사색에 잠길 수 있는 골목이다. 창밖 우물가에는 앵두나무가 자라고 있다. 골목이라고 부르기엔 짧은 길 너머에서 옛날 친구들이 오고 있는 것 같다. 그곳을 함께 찾아간 지인의 어머님이 근처에 사셨는데도 이런 "문화골목"이 있었다는 것을 전혀 몰랐다는 도심 속에 숨은 듯 숨지 않은 골목이다. 무엇이든지 크고 넓은 것을 외치는 현대사회에서 좁고 아늑한 골목은 저마다의 은밀한 공간 같은 쉼터가 된다.

21세기, 디지털 시대인은 손에 스마트폰을 들고 귀에는 이어폰을 꽂은 디지털 유목민으로 세상을 누비고 있다. 앉은 자리에서 인터넷으로 세계와 실시간으로 교류하고 화상으로 시공을 뛰어넘는 정보를 주고받는 세상이다. 하지만 무심하게 베란다 창을 열고 밖을 내다보다가 문득 혼자인 자신을 자각할 때가 있다. 대화도 단절되고 소통도 단절된 일인 만능주의 시대에 엄습하는, 그 깊은 쓸쓸함의 정체를 해소하고 싶은 복합공간이기도 하다. "부산 문화골목"이다. 부산시 남구 용소로 13번길 36-1(대연동)에 있다.

건축가 최윤식 씨 등 뜻 맞는 사람들이 힘을 합쳐 오래된 주택 다섯 채를 리모델링한 골목이다. 갤러리, 용천지랄소극장, 민속주점, 와인바, 라이브카페 등 이곳은 일곱 개의 가게가 각기 다른 테마 가게로 형성되어 있다. 기존 조경과 수목들을 최대한 유지하면서 폐건축자재를 활용한 친환경 건축물로 2008년 '부산다운 건축상' 대상을 받은 곳이다. 골목 입구에는 녹슨 대문에 낙서 같은 글귀가 새겨져 있다. '골목 안에 공연도 있고 그림도 있고 술도 있고 노래도 있다'고. 안으로 들어서면 마치 신비로운 정원 같으면서도 오래전 골목에 들어선 듯한 독특한 분위기를 느낄 수 있다. 허심탄회한 옛 친구를 만난 듯이 반갑다.

상업성만 띤 골목이 아니다. "노가다, 석류원, 용천지랄소극장, 몽로, 부엉이 집, 등 상호만 들어도 향수를 느낄 수 있다. 오랜 된 자전거, 남포등, 거미줄, 빈티지한 우체통, 맷돌, 가마솥, 등 사라져가는 농경문화의 도구들이 곳곳에서 소품으로 등장한다. 나무한 집해서 머리에 이고 집으로 돌아온 이웃 어머니들의 모습을 볼 수 있었던 한적한 시골 예배당 종탑이 하늘높이 우뚝 서있다. 옥상과 연결된 한 사람정도 다닐 수 있는 좁은 계단을 올라가보면 하늘이 확 트인 높고 또 하나의 골목이 있다. 곡선이 아닌 직선의 짧은 통로라고 볼 수 있다. 물질이 가난했던 시절, 사내아이들이 돼지 오줌보를 축구공삼아 넓은 운동장에서 축구하며 뛰어놀고 있을 때, 수업시간을 알려주던 땡그랑 땡그랑 울리던 학교종이 종탑 높이로 즐비하게 달려있다. 좁아진 공간에 맞춰 좁아진 하늘이 보인다. 우리의 삶도 바라보는 시야에 따라 상황을 다르게 볼 수 있음을 새삼 느끼게 한다.

붉은 벽돌로 쌓아놓은 담벼락에는 낡은 고철들이 장식되어 있다. 이국적인 분위기다. 몇 년 전 다녀왔던 앙코르와트 사원의 어느 좁은 골목에 서 있었던 착각을 잠시 하게 만든다. 이 자리에서 내려가면 작업실이 있다. 언어가 잘 통하지 않은 미국사람이 혼자서 대장간 같은 좁은 공간에 앉아 철사나 쇠로 옛 도구를 수작업하고 있다. 문고리 너트 등 우리 곁에서 사라져간 물건들이다. 바쁜 현대인들에게 다양한 생각을 심어주는 생각 주머니를 떠올린다.

그 곁에 세월을 가늠할 수 없는 석류나무 한 그루가 터줏대감처럼 버티고 서 있다. 묶은 세월에 속이 타버렸을까 까만 나무 몸통에서 연초록 새싹이 돋아나 있다. 과거와 현재를 아우른다. 한적하다. 사람은 없는데 도시 비둘기 한 마리가 뒤뚱뒤뚱 나무 아래서 무료한 시간을 보내고 있다. 새끼를 밴 고양이는 어슬렁어슬렁 처마 밑으로 지나간다. 이곳은 커피와 음료, 와인을 파는〈다반〉과 플라워 〈갤러리〉를 제외하고는 가게가 오후 6시 이후부터 문을 열기에 낮에는 즐길 수 없다는 점이 아쉽다. 아니, 차라리 인적이 드물어 한갓져서 정겹다. 낮은 낮대로 밤은 밤대로 독특한 분위기를 자아낸다.

낮 12시 이후부터 영업을 시작하는〈다반〉카페에서 흘러간 팝송이 잔잔하게 흘러나온다. 커피 향이 유혹적이다. 안으로 들어가 창가에 앉았다. 바깥을 한눈에 볼 수 있다. 앵두나무아래 우물가가 눈에 들어온다. 순간 추억에 젖어든다. 지인과 차를 마시며 한 시간 째 앉아 있는데 겨우, 한 남자가 혼자서 무거운 카메라 들고 사진을 요리조리 찍으면서 지나간다. 지나가는 사람을 고스란히 볼 수 있어 재밌다. 그보다. 몇 십 년 된 듯한 늠름한 팔손나무 한 그루가 골목지킴이인 양 우뚝 서서 자태를 뽐내고 있다. 한참 동안 시선을 사로잡는다. 골목의 역사를 끼고 있는 듯 보인다. 텃새가 날아와 나뭇가지에 앉아서 지저귀며 놀다 훽 날아가곤 한다. 텃새의 놀이터가 되기도 한 모양이다.

갤러리 입구
적혀있는 이 시가 와 닿은 곳이다.

"수채화 물감으로도 채울 수 없는
시간의 때가 미로 같은 골목 안에 있습니다.
낙서 같은 글귀가 새겨진 녹슨 대문이
아무 저항 없이 열려있고
오랜 듯이 자라고 있는 식물들이 모여
휴식하는 이에게 그늘을 주고
때로는 꽃으로 때로는 줄기로 때로는 낙엽으로
계절을 이루면서 저절로 숲이 되고 있습니다."
– 문화골목 中–

음악이 빠질 수 없다. 20.000장의 레코드판과 CD를 보유하고 있으며 LP음반으로 신청곡을 청해 듣고 생맥주도 마실 수 있는 〈노가다〉가 있다. 일상이 답답하고 무언가 허기질 때 저녁 무렵 재즈 음악을 들으면서 가볍게 와인 한잔 마시면 현재의 나이와 분주한 세상살이를 다 잊어버릴 것 같다. 비 오는 날엔 단짝과 함께 동동주에 파전시켜놓고 마음껏 수다를 떨고 싶은〈고방〉도 있다. '고방'이라는 단어가 고어가 돼버린 듯이 오랜만에 접해본다. '고방'이라면 쌀보리, 콩, 팥, 곶감, 식혜 떡 등 집안의 귀한 먹을거리가 들어 있는 곳이었다. 문을 잠가놓고 어머니만 드나들 수 있는 곳. 어쩌다 문이라도 열려 있는 날에는 운수 대통하는 날이다. 마치 보물이라도 발견한 양 설렌 맘으로 어머니 몰래 생쥐처럼 살며시 들어가 곶감도 먹고 식혜도 한 사발 떠가지고 나와 먹었던 추억이 떠오른 곳이거늘, 흘러간 세월 속에 또 다른 형태로 곁에 있다.

나 또한 틈만 나면 습관적으로 스마트폰을 열고 메뉴를 찾아 여기저기 내용물을 찾아 눈과 손이 바쁘다. 탱자나무 울타리로 된 곡선의 골목길을 걸어 다녔던 그때, '고방'에 들어 있는 정갈하고 따뜻한 어머니 손맛의 그리움에 허기진 탓은 아닐까. '골목'이라는 단어가 첨단시대에 맞춰 사라져가고 있는데 도심 속에 낡고 오래된 것의 미학과 아날로그의 감성이 배어있는 "문화골목"에 발길을 돌리게 된다.

청년취업이 어려워 3포(연애, 결혼, 출산)시대라는 은어가 남발하는 대학로에 시대의 흐름을 넘나들 수 있는 낭만이 어려 있는 "부산 문화골목" 느슨한 분위기 속에 흘러가버린 농경문화의 정서가 귓가를 스치는 바람 소리가 실개천처럼 흐른다.

가을 속 옛길을 걷다

살갗처럼 부드러운 황톳길과 수려한 경관이 더불어 인상적인 곳, 문경새재가 미리 눈앞에 어린다. 옛 선비들이 청운의 꿈을 안고 걸었던 그 길이 아니던가. 마치 내가 선비가 된 양 걸어 볼 작정이다.

가을 풍치 속을 달리는 버스 안에 울긋불긋한 차림이 또 다른 가을 단풍이다. 문인들의 기행임을 실감케 한다. 1년을 마무리 짓는 낙엽을 보면서 좋은 글감을 가져오길 바라는 마음으로 서로 인사말이 오간다. 마음과 마음, 눈빛과 눈빛이 소통하듯 차창 밖의 풍경이 정겹다.

붉고 노랗게 물든 나뭇잎을 스치며 달리는 버스는 경북 문경에 도착하여 멈춘다. 우리나라에서 제일 먼저 가보아야 할 길 1위에 오른 문경새재길이 있는 곳이다. 경북 문경과 충북 괴산군 사이에 있는 조선 시대 옛길(영남대로)이다. 영남대로 구간 중 가장 높고 험한 고개이면서 영남과 한양을 잇는 최단거리였다. 과거를 보러 가는 선비들처럼 시멘트나 우레탄 길이 아닌 흙을 밟으면서 문경새재 길을 거닐 수 있다는 생각에 자못 들뜬다. 자동차 매연과 소음, 공해를 벗어나 나무숲 속을 걷는 행복을 누릴 기회다. 걷는다는 것은, 하잘것없다고 여긴 사물과 하나가 되어 저절로 소통하는 시간이 되고 나를 돌아보는 여유이기도 하다. 무심히 지나쳤던 것도 걸으면서 깨닫기도 한다. 보아주는 이 없어도 은은하게 피어있는 꽃들에 훈훈한 눈길도 주고, 내 발길에 차인 작은 돌멩이가 지금까지 얼마나 많은 세월의 무게를 담고 있는지 생각게도 한다.

"석탄박물관"을 찾았다. 춥고 배고팠던 시절이 기억을 들춰낸다. 시뻘겋게 연탄이 달궈진 화덕이며 연탄집게, 연탄을 지게에 지고 비탈길로 나르는 도구와 사진 등 사라져간 물건들이 나열해 있다. 추억 속 연탄불이 뜨거워진다. 엄동설한을 연탄불로 견뎌내고 따뜻한 마음과 인심이 훈훈했던 그때가 그리움이 된 지금, 모노레일 카를 타고 "은성갱도"로 향한다. 석탄을 캐기 위해 땅속을 뚫은 어두침침한 터널이다. 2차 산업이 중심이었던 광부들의 치열한 삶과 애환을 모노레일 카의 바퀴 소리에서도 느낄 수 있다.

냉방과 온방이 첨단을 달리고 있는 빌딩 숲에서는 찾아

볼 수 없는 현장이다. 고된 삶의 자취를 뒤로하고 "옛길박물관"을 찾는다. 무명옷을 입고 지게를 짊어지고 있는 동상이 우리를 먼저 맞는다. 이동수단이 별로 없었던 선인들은 어깨가 짓무르도록 지게를 등에 지고 물건을 옮겼던 모습을 상기시킨다. 전시관에는 길 위의 노래, 고개의 소리, 아리랑에 대하여, 음반 등을 전시해 놓고 옛적을 익히게 한다. 시선을 유별나게 끌어당기는 장면은 해진 옷을 입고 괴나리봇짐을 진 채 가파르고 위험한 좁은 산길을 걸어가는 흑백사진이다. 모여 있는 자료 하나하나가 가난의 한이 서린 듯하다. "아리랑"노래가 절로 가슴에 닿는다. 허기진 배를 움켜잡으며 살았던 선조들이다. 그들이 아리아리 쓰리쓰리 고개를 넘어서 21세기라는 물줄기에 이르렀다. 그 덕분에 지금은 물질의 결핍을 잘 모르고 살아가고 있다. 가난을 이겨낸 선조들의 진솔한 삶의 유물이 오늘의 버팀목이 된다.

참나무, 소나무, 생강나무, 조릿대 등이 서식하는 길을 걷다가 주흘관 안쪽에 있는 야외 촬영장에 들어선다. 왕궁 2동 기와집 42동 초가 40동 등을 지은 국내 최초의 촬영장이다. 촬영을 위한 시설은 조선 시대에 사는 느낌을 준다. 경복궁과 왕비가 머물렀던 교태전이 위풍당당하다. 왕궁을 벗어나 흙집 초가지붕이 모여 있는 곳으로 발길을 옮긴다. 울긋불긋한 나무들의 빛깔이 한결 가을 운치를 깊게 한다. 흙길을 걷는 돌담 아래로 개천이 흐르고 그 주위엔 낙엽들이 여기저기 쌓여있다. 낙엽은 낙엽끼리이듯 함께 걷던 다정한 김 모 시인은 자연과 동화된 끼를 발산한다. 땅바닥에 떨어져 있는 낙엽을 한 아름 긁어모아서 하늘로 흩뿌리며 추억에 젖어든 듯 연방 소녀처럼 해맑게 웃는다. 이럴 때는 시인이 나뭇잎이고 나뭇잎이 시인이라는 생각에 찬다.

기계음의 소음에서 벗어나 현대문물이 침입하지 않은 조용한 산속을 걷는 호사다. 발바닥에서 올라온 생기가 전신을 훑으며 몸속 구석구석에 활기를 불어넣어 준다. 육체와 정신이 풍요로운 이 멋진 시간을 놓칠 수 없다는 듯 여기저기서 사람들이 사진 찍기에 분주하다.

서쪽으로 기운 해가 귀로 시간을 암시한다. 잃어버린 정서를 찾아 가슴에 품고 풍성한 글감을 마음의 봇짐에 챙기며 둥지를 향한다.

방울소리가 들린다

생명공학시대에 발맞추어 복제양 돌리가 출현하고 인간 복제를 눈앞에 두고 있는 시대다. 번쩍거리는 과학은 지구를 벗어나 천상계를 연구하고 있는데 시간의 역행도 아니고 팔선녀, 옥황상제, 천왕신, 글문 도사……. 무당집 간판들이 도시 뒷골목에서 시선을 끈다.

과학은 현실이며 미래지향적인 증거가 있지만 무속의 신통력은 보이지 않고 나타나 있지 않다. 그런데도 무속의 굿거리는 삼국유사에서부터 기록되어 있으며 오늘날에도 여전히 자리매김하고 있다. 과연 그들은 과거를 내다볼 수도 있고 미래를 점지할 수 있는 것일까? 보이지 않는다고 존재하지 않는 것은 아니지만 보이지 않는 것을 보고자 하는 것이 사람의 심리이다. 무당들 스스로가 영험을 지니고 있다는 그 실체가 궁금하던 차 마침 과제물이 무가巫歌인지라 핑계 삼아 무녀를 찾아 나섰다.

그들의 말대로 신통력이 있다면 먼저 본인들이나 잘하고 잘살 것이지 왜 그리 빈민수준을 벗어나지 못한 옹색한 구석에 대나무를 꽂아놓고 점치러올 손님을 기다리며 살고 있는지! 하기야 중이 제 머리 못 깎듯 무당들 또한 자신을 위한 길흉화복의 굿을 못한다니 그렇게 살 수밖에 없는지 모르겠다. 아니면 그 신들은 한 몸을 이루고 있는 무녀들한테까지 베풀 줄도 모르고 인정사정없는 욕심쟁이거나 계산적이라고 할까.

무녀의 신당에는 화려한 원색의 등불들이며 큰 칼, 북, 꽹과리, 금방울 등이 주신의 호위병처럼 나열되어 있다. 어릴 적 마을에서 무당이 굿하는 것을 두어 번 본 적이 있긴 하지만 막상 찾아가 눈으로 보니 귀신이 불쑥 나타나 내 몸에 거머리처럼 쫙 달라붙는 것 같이 섬뜩하다.

평소 대명천지에 귀신이 어디 있냐며 부인했던 내 자신이었건만 이처럼 상황에 따라 나약해진 사람의 심리가 과학하고는 상관없이 오랜 세월 무속을 지속시킬 수 있을 법도 하다.

신당은 신을 잘 모셔야 장군신이 길안내를 잘해준다며 제사상을 정갈한 음식으로 풍성하게 차려놓은 것을 볼 수 있다. 그 놈의 신은 욕심이 놀부욕심보다 더한가 보다. 조금 차려 놓으면 기분 나빠 잘 안 가르쳐주고, 제사상이 넘치도록 음식을 수북수북 쌓아올려 놓으면 기분이 좋아서 귀신 씨나락 까먹는 소리로 무당만 알아듣게 잘 가르쳐 주는 것인지 음식과소비가 염려될 정도다.

이토록 제사상을 차려 놓는 걸 보면 귀신도 대접받길 좋아하고 욕심이 많기는 인간들과 다를 바 없나보다. 이 뿐일까. 까다롭기는 눈에 가시처럼 미운 며느리한테 성정을 부린 시어머니 같은지 무당이 몸신을 불러내도 아무 곳이나 오지 않고 제의祭儀, 본풀이, 제사상 이 세 가지가 정갈하게 갖춰져 있을 때만 강림한다니 퍽이나 도도하기도 하다.

신이라면 인간하고 뭔가 다르게 욕심도 없고 선하고 너그럽고 사랑이 넘쳐야하거늘 하는 짓이 사람하고 특별히 달라 보이지 않건만 굿을 해본 경험자들은 용하다, 귀신같다는 소리를 하는 걸 보면 의아하다.

심리적인 작용이 아닐까 싶다. 피땀 흘려 모아둔 재산을 몽땅 잃어버렸을 때의 허탈감, 의사가 불치병이란 시한부를 알릴 때의 참담함, 갑작스런 우환으로 세상을 떠난 가족의 상처가 수시로 통증을 몰고 올 때의 고통이라면 오죽할까. 마음이 나약해질 대로 나약해진 상태에서 지푸라기라도 잡고 싶은 심정일 것이다. 어떤 결과물이 당장 눈에 드러나지 않더라도 의지하고 싶고 위로를 받고 싶은 인간의 나약한 단면이다.

불행이 불어 닥친 당사자들이야 최첨단과학의 발달로 사람이 달나라를 간다한들 당장 무슨 소용이 있겠는가. 차라리 무당을 찾아가 복이나 재수를 비는 재수굿, 집안에서 생긴 좋지 못한 일을 제거하기 위한 우환굿, 병자를 치료하기 위한 치병굿, 죽은 사람의 영혼을 천도시키기 위한 망자굿이라도 한 판 벌리면서 위안을 삼고 싶으리라.

내가 찾아간 무녀는 무가巫家에 태어나서 무병이나 입무入巫를 거치지 않고 가족 대대로 세습되는 세습무녀는 아닌 듯하다. 무병을 앓고 내림굿을 거쳐서 신어머니에게 무업을 배워 신이 내린 강신무인 것처럼 눈에는 신기가 번뜩인다. 그런 무녀이지만 사람은 차가운 이성이나 들끓는 감정을 한 겹씩 접어두고 부드러운 속살 같은 감성으로 대화를 나누다보면 서로 교감이 이루어짐을 알 수 있다.

낯설었던 무녀의 말에 온기를 느낀다. 잡귀들 속에서 좋은 신 줄을 잡기위해 자식들도 챙겨주지 못하고 추운 겨울날 냉방 속에서 며칠씩 배를 쫄쫄 굶어가며 신을 받아 모셨다는 그녀의 이야기에 마음이 시리다. 비록 신을 지니고 있는 몸이라 한다지만 다 같은 사람이며 살고자하는 행위가 아니던가.

내 점괘는 듣기 좋은 소리를 하지만 이 또한 무슨 소용이 있으리. 모든 열쇠는 점괘가 아닌 마음먹기에 달려 있는 것을, 그저 기분 좋게 스쳐가는 바람소리에 지나지 않을 뿐이다.

무당집을 나서는데 갑자기 휘파람소리 같은 것이 귓가를 스친다. 그것은 방울소리 같기도 하고 구슬픈 피리소리 같기도 하다. 나는 나도 몰래 고개를 절레절레 젓는다.

■ 연보

* 1958년 전남 담양에서 출생
* 1976-79년 광주송원여자고등학교 입학, 졸업
* 1979-82년 광신대학교 교육학과 입학, 졸업
* 1982-85년 피아노학원 운영
* 1985년 해군 대위 서영구씨와 결혼 목포서 생활
* 1994-2001년까지 다시 피아노 교습
* 2002년 배우자 부산발령을 따라오면서 피아노 접고
  유병근 선생님께 수필입문
* 2004년 《수필과 비평》〈머물고 간 자리〉로 등단
* 2005년 부산수비작가회 입회. 총무
* 2005년 부산가톨릭문인협회 입회. 총무
* 2005년 부산문인협회 입회
* 2006년 한국문인협회 입회. 부산여성문학인협회 입회
* 2006년 한국방송통신대학교 국어국문학과 입학
* 2007년 부산수필과비평작가회 사무국장.
  수필과비평작가회의 부산지부장
* 2008년 부산가톨릭문인협회 사무국장
* 2009년 방송통신대학교 휴학
* 2010년 부산문인협회 수필분과 이사
* 2011년 수필집 《달빛, 꽃물에 들다》 첫 수필집 출간

* 20011년 《달빛, 꽃물에 들다》부산문학상 우수상 수상
* 20011년 부산여성문학인협회 사무국장
* 2011-2014년 수필과비평작가회의 편집주간
* 2012년 《문학도시》기자
* 2012년 부산문인협회 수필분과 선출이사
* 2012년 시민백일장대회(부산광역시 주최) 심사위원
* 2013년 수필과비평문학상 수상
* 2013년 부산여성문학인협회 부회장
* 2013년 4월 청소년백일장대회(부산예총 주최)심사위원
* 2013년 명작선 한국을 빛낸 문인 선정 (도서출판, 천우)
* 2014년 8월 방송통신대학교 국어국문학과 졸업
* 2014년 청소년백일장대회(부산문인협회 주최)심사위원
* 2015-18년 수필가비평작가회의 감사
* 2015년 10월 다문화 가족 백일장대회(부산광역시 주최) 심사위원
* 2015-16년 부산가톨릭문학 편집위원
* 2016년-18년《문학도시》기자
* 2016년 2월 부산문화재단 창작지원금 수혜
* 2016년 8월 두 번째 수필집 《변신의 유혹》출간
* 2016년 영호남문인협회 입회, 자문위원
* 2016년 부산여류문인협회 입회. 회원
* 2017년 부산가톨릭문인협회 부회장

* 2017년 영호남문학상 수상
부산가톨릭문학상 수상
* 2017년《계간문예》시 등단
* 2017년 11월 부산수필과비평작가회 회장
* 2018년 계간 《 부산가톨릭문학 》편집장
* 2018년 5월 금련산청소년수련원 학생백일장대회
(부산 교육청 주최)심사위원
* 2018년 8월 부산문학상(부산문인협회 주최) 예심 심사위원

현대수필가 100인선 II· 74
김새록 수필선

지구본을 굴리다

초판인쇄 | 2018년 10월 05일
초판발행 | 2018년 10월 20일

지은이 | 김 새 록
펴낸이 | 서 정 환
펴낸곳 | 수필과비평사 · 좋은수필사

주 소 | 서울시 종로구 삼일대로 32길 36.
(익선동 30-6)운현신화타워 305호
전 화 | 02)3675-5635, 063)275-4000
등 록 | 1984년 8월 17일 제28호
홈페이지 | http://www.shinapub.com
e-mail | essay321@hanmail.net

값 8,000원

ISBN 979-11-5933-177-0 04810
ISBN 979-11-85796-15-4 (세트) 04810

이 도서의 국립중앙도서관 출판시도서목록(CIP)은 서지정보유통지원시스템 홈페이지(http://seoji.nl.go.kr)와 국가자료공동목록시스템(http://www.nl.go.kr/kolisnet)에서 이용하실 수 있습니다.(CIP제어번호: CIP2018033713)